Nuestras Historias

Our Stories

Lu Rocha and I. Villarreal

ISBN: 978-1-4907-6585-3 (sc)
ISBN: 978-1-4907-6587-7 (hc)
ISBN: 978-1-4907-6586-0 (e)

Library of Congress Control Number: 2015916393

Trafford rev. 02/16/2016

 www.trafford.com
North America & international
toll-free: 1 888 232 4444 (USA & Canada)
fax: 812 355 4082

Contents

This book is dedicated to Latinas who have endured discrimination, oppression, and violence and whose voices are silenced. It is for Latinas and all women who have experienced gender-based violence, including domestic violence (DV), and have survived the situation the best way they could. This book is dedicated especially to the women who entrusted us with their stories and allowed us into their world. All of you are true survivors, and we honor you!

Dedicatoria

Este libro esta dedicado a las Latinas que han pasado por discriminación, opresión, violencia y de aquellas que su voz esta en silencio. Es para Latinas y para todas las mujeres que han vivido violencia basado en su género, incluyendo VD, y que han podido sobrevivir la situación de la mejor manera posible. Este libro es dedicado especialmente a las mujeres que nos confiaron sus historias y nos permitieron entrar en sus mundos. Todas ustedes son verdaderas sobrevivientes, y ¡las honoramos!

Introduction

Domestic violence (DV) is prevalent in all cultures; there is not one culture that does not, in one way or another, exercise some form of power and control over women and girls within the private sphere. Much has been written about this phenomenon. Although minority women (e.g., African Americans, Latinas/Hispanics, and Asians) have been included in some of these writings, for the most part, women from mainstream society remain the central focus of the discourse. Yet when minority women who have experienced DV are studied, they are often lumped into one group as if their experiences are identical. Yes, minority women do share similar challenges; however, their cultural backgrounds, their access to support services, their position within society, and other factors will affect the type of abuse they experience and the barriers that exist for them.

Since there is limited information pertaining to the Latina experience with DV, this book is our attempt to shed light on the issue. We will discuss topics such as the effects of DV on Latinas, the obstacles, and the cultural challenges that make it difficult for women to leave abusive relationships. Although this book contains a small sample, it does include excellent illustrations of the struggles Latinas face when trying to fulfill the expectations of the society at large, as well as that of their culture, while experiencing DV. In addition, the reader will learn of the many types of violence the women experienced besides DV, including the personal struggles they faced when making the decision to leave their abuser.

Culture cannot stand alone as being the cause for DV; therefore, we try to explain the other factors that contribute to the abuse Latinas endure. For example, undocumented Latinas often live under the constant threat of deportation. Her abuser, who is aware of her immigration status and wants to control her, can use the situation to his advantage. Often, women in this type of situation report that their abusers threaten to call ICE (Immigration and Customs Enforcement) and have them deported. This threat may be made every time their abusers get angry with them. Prior to 9/11, many DV advocates would have considered this type of threat futile; however, with the current anti-immigrant atmosphere, anti-immigrant state laws, and the increased number of raids occurring throughout the United States, this intimidation can become a reality for some women. Therefore, the current immigrant situation can help an abuser to control his victim. Religion is very prevalent within the Latino community. Although the trend is changing, Latinos in the United States and in Latin America are relatively religious. Religion can become a barrier for many Latinas in abusive relationships. We mention religion in the book, but it is worthwhile to elaborate here a bit.

The importance that religion plays within the Latino culture, along with its hierarchal structure and its rules, can be a barrier for survivors (victims of DV) for many reasons. For example, women are often discouraged by religious leaders (priests, deacons, preachers, etc.) from leaving their abuser. In some cases, survivors may consider divorcing their abusers. However, divorce is very much discouraged by religious institutions. In many instances, women are encouraged instead to pray for their abuser. They are instructed to ask God to intervene, to ask God for the abuse to stop. Essentially, pray for a miracle.

In very subtle ways Latinas are encouraged to emulate the image of womanhood, which is that of the Virgin Mary, the mother of Jesus Christ. This image exists within the Catholic Church, which is a very strong influence in the Latino community. This behavior is called *marianismo*. As explained by scholars:

Marianismo is a gender role theme that determines the ideal woman: a giving and generous mother who renounces personal interests in favor of those of her children or husband. Under this gender identity, Latinas relate to the Virgin Mary and specifically in Mexico to Our Lady of Guadalupe, by being dutiful mothers and faithful wives who are asexual in nature, yet proactive and strong when their family's well-being is an issue. Marianismo is dichotomized by Kulis, Marsigilia, and Hurdle (2003, 171) as "two dimensions, one focusing on a sense of collectivism, self-sacrifice, devotion to family, and nurturance, and another encouraging dependency, submissiveness, passivity, and resignation in the face of oppression."[1]

Like the Virgin Mary, women are expected to be self-sacrificing. Therefore, the thought of leaving your partner and possibly separating the children from their father is not looked upon as living up to the image of a "good woman," the all-sacrificing mother who puts her family's needs before her own. If she leaves, she is considered selfish!

Lastly, the discrimination Latinas experience within mainstream society is similar to that experienced by women from other marginalized communities. Many Latina survivors have reported having experienced discrimination from the police, social service providers, health care providers, and other community support systems. These negative experiences may be the reason Latina survivors are hesitant to reach out for help and take advantage of the services supposedly available to them.

In *Our Stories,* one will be able to catch a glimpse of the myths, taboos, and family and social pressures that exist within our Latino community and that have played an important role in each of the women's lives. From the women's own testimonies, one will begin to understand how the Latino culture has cultivated different beliefs within our families that can, in one way or another, keep us in unhealthy relationships.

This book is intended for those who work with the Latino community, especially with survivors of DV, and who want to have a better understanding of how DV looks within the Latino culture. It is for Latinas who have been through DV and want to have an understanding of how their culture and other social factors may have been instrumental in keeping them in an abusive relationship. Finally, it is for anyone who wants to read about some very brave remarkable Latinas who have experienced unbelievable atrocities at the hands of their family members, partners, and/or husbands but somehow managed to prevail, to end the cycle of violence, and to seek a better life for themselves and their children.

Our hope for this book is twofold—that it serves as a catalyst to encourage more documentation of the Latina experience with DV and to encourage Latina survivors to tell their own stories of survival.

How to Use This Book

The stories in this book come directly from the survivors themselves. For their safety, the names of the women have been changed. Nevertheless, it is a collection of their stories, told in their own words. Each story will be followed by an explanation titled "Lessons Learned." This part of the book is clarification of the type of abuses the survivor experienced, the effects of the abuse, help in identifying barriers, red flags (warning signs), and a cultural breakdown as to a possible explanation of why the survivor and/or the abuser behaved the way they did. These explanations are based on the authors' more than nineteen years combined experience of working with survivors of DV in the Latino community, at a local, national, and international level.

When possible, supplemental resources and information are provided to the reader, in particular for those who do not have experience in the DV field. This information is important in understanding the dynamics of DV and some of the terminology used in the book.

Introducción

Violencia Domestica (VD) prevalece en todas las culturas, no hay una sola cultura donde no se ejerza de una u otra manera alguna forma de poder y control sobre la mujer dentro de la esfera privada. Mucho se ha escrito sobre este fenómeno. A pesar de que en estos escritos se han incluido mujeres pertenecientes a minorías (Ej. Afro-Americanas, Latinas/Hispanas y Asiáticas) generalmente las mujeres pertenecientes a la corriente social general son el enfoque de la discusión. Aun así cuando mujeres de minoría que han vivido VD han sido incluidas en estudios frecuentemente son encasilladas en un sólo grupo como si sus vivencias fueran idénticas. Y sí, mujeres de minoría comparten retos similares, sin embargo, su cultura, el acceso a servicios de apoyo, la posición en la sociedad y otros factores, afecta el tipo de abuso que viven y las barreras que existen para ellas

Debido a la falta de información acerca de las experiencias de las Latinas con VD, nuestra intención con este libro es enfocar la luz en este tema. Discutiremos temas como el efecto de la VD en Latinas, las barreras y los retos culturales que hacen difícil que estas mujeres dejen una relación abusiva. A pesar de que este libro contiene solo un pequeño ejemplo, incluye excelentes ilustraciones de los estragos que las Latina enfrentan cuando tratan de llenar la expectativa que la cultura sostiene para ellas durante la experiencia con VD. Los lectores aprenderán varios tipos de violencia basada en género que las mujeres viven, como también los estragos personales que enfrentan cuando hacen la decisión de dejar a sus abusadores.

La cultura no puede ser el único factor como causa de la Violencia Domestica; por lo tanto tratamos de explicar otros factores que contribuyen al abuso que viven las Latinas. Por ejemplo, Latinas indocumentadas frecuentemente viven bajo la constante amenaza de deportación. Su abusador que sabe de su estatus migratorio y quiere controlarla aprovecha esta situación. Frecuentemente mujeres que están en esta situación reportan que sus abusadores las amenazan con llamar a ICE (Inmigración y Control de Aduanas) y hacer que las deporten. Puede ser que esta amenaza la hagan cada vez que el abusador se enoja con ellas. Ahora, antes del 9/11, muchas defensoras de la violencia domestica consideraban este tipo de amenaza fútil; sin embargo; con el actual ambiente anti-inmigrante, leyes estatales anti-inmigrante y el incremento de redadas por todo Estado Unidos, esta intimidación puede llegar a ser una realidad para algunas mujeres. Por lo tanto, la actual situación de inmigración puede ayudar al abusador a controlar su victima.

La religión predomina en la comunidad Latina. A pesar que la tendencia esta cambiando, Latinos en los Estados Unidos y en Latino America son relativamente religiosos. La religión puede llegar a ser una barrera para muchas Latinas en relaciones abusivas. Mencionamos religión en el libro sin embargo vale la pena elaborarlo un poco mas aquí.

La importancia que la religión juega en la cultura Latina, junto a su estructura jerárquica y sus reglas, pueden ser una barrera para las sobrevivientes (victimas de violencia domestica) por muchas razones. Por ejemplo, frecuentemente, las mujeres son desanimadas por lideres religiosos (sacerdotes, diáconos, predicadores) para dejar sus abusadores. En algunos casos, las sobrevivientes consideran divorciarse de sus abusadores. Sin embargo, el divorcio es muy desalentado por la iglesia. En muchos casos las mujeres son animadas a rezar por sus abusadores. Se les instruye a pedirle a Dios que intervenga, a pedirle a Dios que pare el abuso, esencialmente, rezar por un milagro.

De maneras muy sutiles se le anima a las Latinas a emular la imagen de la feminidad que existe dentro de la iglesia Católica, una influencia muy fuerte en la comunidad Latina. Esta imagen es la de la Virgen María, madre de Jesucristo. Este comportamiento se denomina "marianismo". Según lo explicado por los estudiosos.

"El marianismo es un tema de genero que determina la mujer ideal: una madre que da y es generosa, que renuncia a sus propios intereses a favor de los de sus hijos o esposo. Bajo esta identidad de genero, las mujeres Latinas de refieren a la Virgen María y específicamente en México, a nuestra señora de Guadalupe, por ser madres obedientes y esposas fieles que son asexuales por naturaleza pero aún proactivas y fuertes cuando el bienestar de sus familias esta en juego. El marianismo es dicotomizado por Kulis, Marsigilia y Hurdle (2003, 171) como 'dos dimensiones; una enfocada en colectivismo sacrificio, devoción a la familia y crianza, y la otra; alentando dependencia, sumisión, pasividad, y resignación en la fase de opresión[1]."

Como la Virgen Maria, las expectaciones de las mujeres son de auto-sacrificio. Po lo tanto, la idea de dejar a la pareja, y posiblemente, separar a los hijos del padre, no es vista a la altura de la imagen de una "buena mujer" la madre sacrificada que pone las necesidades de su familia antes que las de ella misma. Si ella se va es considerada egoísta!

Por último, la discriminación que las Latinas pasan en la sociedad en general es similar a las que pasan mujeres de otras comunidades marginadas. Muchas sobrevivientes Latinas han informado de experiencias de discriminación de la policía, los proveedores de servicios sociales, proveedores de cuidado de salud y otros sistemas de apoyo comunitario. Estas experiencias negativas pueden ser la razón por la cual las sobrevivientes Latinas no se atreven a buscar ayuda y tomar ventaja de los servicios supuestamente disponibles para ellas.

En "Nuestras Historia" podremos ver un poco de los mitos, tabúes, presiones sociales y familiares que existen en la cultura Latina y que juega un papel importante en cada una de la vida de las mujeres. De sus propios testimonios veremos un poco de cómo la cultura Latina ha cultivado diferentes creencias en la familia que pueden en una forma u otra mantenernos en una relación que no es saludable.

Este libro va dirigido a quienes trabajan con la comunidad Latina, especialmente con sobrevivientes de VD y para quien quiere tener un mejor entendimiento de cómo se ve la VD en la cultura Latina. Es para Latinas que han pasado por VD y quieren tener un entendimiento de cómo su cultura y otros factores pudieron haber sido instrumentales en mantenerlas en una relación abusiva. Finalmente, es para cualquier persona que quiere leer acerca de algunas Latinas remarcablemente valientes que han vivido atrocidades increíbles en manos de miembros de sus propia familia, parejas, y/o esposos pero de alguna manera salieron adelante, terminaron con el ciclo de violencia y lucharon por una mejor vida para ellas mismas.

Nuestra esperanza es que este libro ejerza dos funciones -- servir como catalizador para fomentar mas la documentación de las experiencias de las Latinas con DV y alentar a las sobrevivientes Latinas a contar sus propias historias de sobrevivencia.

Como usar este libro

Las historias en este libro provienen directamente de las sobrevivientes. Es su propia historia con sus propias palabras. Al final de cada historia se encuentra una explicación del tipo de violencia domestica que vivió la sobreviviente, de el efecto del abuso, el entendimiento cultural del porque la sobreviviente y/o el abusador(es) se comportan de la manera que se comportaron. Las explicaciones tituladas "Lecciones Aprendidas" son basadas en una combinación de más de 19 años de experiencia de las autoras trabajando con VD en la comunidad Latina a nivel local, nacional e internacional.

Se proveen recursos suplementarios e información a los lectores cuando es posible, especialmente para quienes no han tenido experiencia en la rama de VD. Esta información es importante para entender la dinámica de VD y un poco de la terminología usada en este libro.

Ana

My story began when I was eighteen years old and my father died. Because we were a large family, fourteen children, the older children had to drop out of school and work in order to help pay the household expenses. Soon after, my older brothers got married, and I was then left with the sole responsibility of taking care of the rest of the family.

At that time, I met a guy whom I was initially not attracted to, but he was so insistent for me to be his girlfriend that I agreed. He was twenty-three years old, hardworking, and an engineering student. At the beginning of our relationship, everything seemed to be going well, but a short time later, he slowly started to change and his change changed me.

When he would pick me up from work, he would yell at me if I was a minute late. Before we went out, he had to give his approval on what I wore. If he thought my skirt was too short or my blouse too low cut, he made me go back and change. If I looked at another guy, he would get jealous and accuse me of having an affair with him. His countless accusations and questions were endless, and they made me feel awful. However, I thought his demands were normal and his jealousy was a sign of love.

One day he forced me to go somewhere with him, and when we arrived, he made me have sex with him. I . . . I didn't want to . . . I didn't want to . . . he raped me. I know now it was rape, but at that

1

time, I thought that was how it was supposed to be. And after that, things just got worse. He started to treat me like his property, the arguments got worse, and the violence escalated rapidly He always had to force me to have sex because I never wanted to do it. It was not what I wanted, but he didn't care. He raped me whenever he felt like it.

Soon after, he bought a house. He said we would get married and it would be ours. He told me I could decorate the bedroom any way I wanted. I was happy because I believed in his promises. I wanted to get married in white with my family's approval. But that house soon became my worst nightmare; the bedroom became the room where I was repeatedly beaten and raped and made to feel helpless.

On several occasions, I tried to leave him, but he kept following me around and always created a scene. Once, when we were no longer dating, he came to my school. I was quietly sitting, waiting for class to begin, when all of a sudden, the elevator doors opened and he stepped out, completely drunk, untidy, and filthy. I just wanted to die. I immediately stood up and walked toward him. I asked him to leave, but he said no. He said he had come for me and if I didn't leave with him, he would create a scene, so I left with him because I knew he was capable of doing it. I prayed no one would see us. When we got outside, we got into a taxi and I asked the driver to take us to his (my boyfriend's) house, but my boyfriend refused and became very violent. He screamed at me that I was a no-good whore, that I was not the boss, that he was the man; he would decide where he would go, not me! He told the driver to take us to my house, and on our way there, he continuously insulted me. As soon as we arrived at my house, his expression and behavior completely changed; he turned into this kind person in front of my family. We got back together that same day.

Neither my sisters nor my mother liked him, but he never knew that. Despite the fact my sisters knew about the abuse, they never treated him badly. However, they constantly told me to leave him. When I confronted him about the abuse, he said he didn't remember anything because he was drunk at that time. He said he loved me very much and soon we would be married . . . but it never happened.

One afternoon, he joined my family and me at a picnic. My sister invited us over to her house afterwards. Before the picnic was over, he suggested we leave to my sister's house ahead of the others, and I agreed. When we arrived, he grabbed me by the hand and said, "Let's have a quickie." I couldn't believe it! I was appalled, and my only response was no! I didn't want to; we were in my sister's house and she would soon arrive. He didn't care; he dragged me to the bathroom, and once again, he raped me. He raped me in my sister's bathroom.

Things got worse. After being raped so many times, I became pregnant. When I told him, the only thing he said was that it was not possible; we wouldn't be able to manage it. The last thing he said during that conversation was he would pick me up the next morning, but he never said where we would go. The following day, he picked me up very early in the morning, and without any explanation or hesitation, he took me to a place completely foreign to me. I remember before entering he said, "Now you keep quiet. I'll do all the talking and you do as I say." When we entered there were some men and a small bed in which they told me to lie on. When I asked why, he (my boyfriend) told me to do as they said, and that was it. I had no idea what was happening, but I was so afraid of him or maybe too obedient—I don't know—I did as he told me.

I was knocked out, and when I woke up, I discovered I was no longer pregnant. I cried and I cried. It was so painful. They had aborted my baby. I had no idea exactly how it happened or why. When I asked questions, the only thing they told me was, "Nothing happened, dear, nothing happened. You are going to be just fine." They told him to take care of me, to apply ice packs, and that I needed plenty of rest. He then took me to his house; I stayed with him that day.

I spent many nights away from home. It was like living a double life. I made up excuses for sleeping away from home. I lied to my mother and told her we stayed over with some friends at a party or with his family. I would say anything just to please him. He didn't want me to tell her the truth. I was too embarrassed to tell her the truth anyway. I felt so bad after the abortion; the only thing that kept me going was his promise to marry me the following year. This promise was the only thing that helped me survive the double life I lived. This promise was the only thing I dared to share with my mother and family.

Honestly, I tried to leave him several times, but it was the same story every time. It was a sure thing that he would arrive drunk to my house and create a fiasco. I would come out and calm him down just to avoid the neighbors from overhearing. Sometimes I would invite him in; sometimes I would ask him to leave along with the mariachi band he hired. He even brought mariachis; they were even part of his fiasco!

One time, when we got back together, we went to his house and spent that whole Saturday at his house talking like we had never talked before. I took advantage of the opportunity to tell him I no longer loved him. I asked him to leave me alone and told him I no longer wanted to be with him. As soon as I was done talking, he started hitting me like a crazy man. I was stunned and thought he was going to kill me right there and then and no one would know. I was frantic! I kept asking why he was hitting me, but he just kept yelling that I was a whore and he was sure I slept with other men when we were apart. He was hitting me so hard I knew he was going to kill me. I tried to think of what to do to make him stop hitting me. I remember he kept a sword on display, and so I got it and tried to defend myself with it. He managed to take it away from me, and just as he was about to hit me with it, as a last result,

I pretended to faint. Fortunately for me, it worked. He got scared and tried to revive me, but I did not come to, so he immediately took me to a nearby clinic. At the clinic, they said that in addition to being badly beaten, I was also pregnant. At that moment, my whole world came tumbling down . . . once again. I forgot all about the pain from the beating and just started crying. Meanwhile, in order to explain my bruises, he asked me to say I had fallen down.

Another abortion. This time, I knew what was happening. Although he forced me to have it done, I still felt terrible. I was so broken up, so ashamed; I didn't want to go on. Shortly afterward, I decided again to leave him, and once again, he harassed me and insulted me in public. He would stalk me and wait for me outside my workplace or anywhere else I happened to be at that time; it was like all of a sudden, there he was. He didn't care where I was or who I was with; I could be with my family, friends, or my boss. If I didn't do what he wanted, he threatened to make a scene, or he would insult me in front of whoever was around. It was unbelievable how obedient I was to this man; I did whatever he told me. The abuse was so bad I started neglecting my job, my family, and myself all because of him . . . only because of him.

Everyone who knew me, like my family, coworkers, and friends, asked why I was with him. They said he was too violent and I was too good and pretty to be with him. The terror lasted for three years. For half of those three years I tried to leave him, but that was hard to do until a friend helped me. For me, he (my friend) was a blessing, a true blessing placed in my path.

One day at work, during a conversation, my friend Mario asked me if I had broken up with my boyfriend. I told him yes but that he was still following me around. I remember Mario said he could help me so that he would leave me alone. But I told him not to worry because this time I wouldn't go back with him. Mario was very nice and respectful. That day, he invited me to the movies, and I accepted. I was anxiously waiting for my shift to end, and a few minutes before I was due to get off, the secretary told me I had a phone call. I already knew who it was, so I asked her to tell him I had already left. I went out to look for my friend Mario, who was already waiting for me.

I was about to cross the street, when all of a sudden I felt someone grab me. I started to tremble. I knew it was him. He shook me and screamed I was a liar and a whore and I would pay for it. At that exact moment, Mario arrived and confronted him. Mario asked him where he was taking me and told him to leave me alone. Angrily, he told Mario to mind his own business and asked who he thought he was. Mario said he was my boyfriend. They began to argue. He said, "She is going with me," and Mario would say, "No, she's going with me!" Finally, Mario asked me who I wanted to go with, and I immediately told him, "With you, Mario, I'll go with you." Mario told him, "You heard her, and if you don't let her go, we'll settle this matter any way you choose." "Fine," he said, "she can go with you," and left. For the first time ever, he left without getting his way. Fortunately, after the incident, his threats only lasted for two months; after that, he forgot all about me.

This part of my life has affected me. I don't think I could ever recover from what happened to me in those three years. I have never shared with anyone what went on, not even part of it. Everything I went through, every problem I had, I had to resolve it on my own. I think what affected me the most were the abortions. It is so painful when I hear people say, "Say no to abortion!" You have no idea how painful it is for me. Although with the first abortion I had no idea what happened, I still remember it perfectly, and it is extremely painful.

Why didn't I say anything? I was too embarrassed. What would people say? I felt branded, worthless, and besides, I was accountable to my family. I had to be a good example for my sisters. It was extremely important to my mother for me to get married in white (a virgin). It was important for me to have her respect and trust. It was especially important to me since they were all I had left. Her respect and trust were the only things I had; they were the only things I owned in life.

Today, I ask myself if I could ever share what happened to me with the people I know, but because of the shame, my answer is no; I couldn't do it. Not even my husband knows the truth; all he knows is that I once had a boyfriend who was a drunk, but that's all. Today, my life is good; I'm married, I have grown daughters, and my husband trusts me. Although my husband was once unfaithful, I understood why, and I forgave him.

I constantly tell my daughters, no matter how pressured they may feel in a relationship, they don't have to stay in a relationship if they don't want to. I sometimes wonder what would have happened if I had told my mother. She never did approve of the relationship, and she didn't even know the whole story.

Lessons Learned

Family First

Having to put the family's needs before your own is very common in traditional Latino families; individualism does not exist within these families. Like Ana, many Latinas/os are often expected to support their parents, grandparents, or siblings. This can include physically caring for them and/or providing monetary support. Therefore, when Ana's father died, she and her older siblings were not surprised they had to leave school in order to work and support the family. However, Ana's brothers managed to absolve themselves from their responsibility by getting married and having their own families to care for. Some may think this tradition is unfair, and it may well be. Nevertheless, not complying with these expectations could have serious consequences and cause problems with the family. In Ana's case, she wanted to do right by her mother and siblings, so she did not refuse making the sacrifice.

Virginity

Unfortunately, this sense of responsibility for her family caused Ana to go to extremes. She not only felt she was financially responsible for her siblings but also morally accountable to them as well. She believed she had to set an example for them and maintain her mother's respect at all costs. In her story, she expresses the importance of getting married in white and getting married the right way for her family's sake. By this she meant she had to save her virginity until she married. Of course this was impossible for her to do after her boyfriend had raped her. However, there seemed to be a glimmer of hope when he promised to marry her. At that time, marrying him seemed to be the best solution as a way to save face. By getting married, no one in her family or anyone in her community would know she was not a virgin except for her boyfriend, who had raped her. Being unfamiliar with the importance placed on a woman's virginity that exists within the

Latino culture makes it difficult to understand why keeping this secret was so important to Ana. In the Latino culture, a woman's status is based on her innocence. To remain a virgin and innocent until marriage coincides with the deep Roman Catholic Church teachings about the purity of women.[2] Mexico, where Ana is from, is very much influenced by the church in private matters. Parents are often heard boasting how their daughter(s) married in white, meaning their chastity was preserved until marriage. This is seen as the parents' greatest responsibility and something they and the entire family take great pride in. Not being a virgin could bring shame and embarrassment on a woman's family, regardless of the circumstances. For the community to know a woman is not a virgin can cause great damage to the other unmarried female members of the family, possibly making their prospects for good marriage unlikely.

¿Que diran?

In the Latino culture, the social pressure of *que diran* (what will people say) is just as important as a woman's virginity. Having the community look down on you and talk about you, creating disapproval from those around you, can be a cause for many to keep things a secret like it did with Ana. She did not tell anyone about her rapes, her forced abortions, or her boyfriend's abuse because of *que diran* and how it would have affected her family within the community. She feared the community's *que diran* more than her own safety. A good example of this is how she reacted when her boyfriend would come to her house drunk with the mariachis at hand in his attempts to get her back after a breakup. As a result, she was forced to talk to him and eventually go back with him in order for him to stop his public spectacles. He knew this embarrassed her, so he used it to his advantage as a way of controlling her.

Because Ana's boyfriend knew *el que diran* was very important to her, he often utilized it in his attempts to humiliate her in front of her family, friends, coworkers, and neighbors. This is an excellent example of how humiliation is a way of controlling another person in a domestic violence (DV) situation. Although Ana was not married to him, the abuse she went through still falls under the description of DV (refer to "What is Domestic Violence" section). Dating violence is very similar to the violence experienced by women who are married or living with their abusers. However, in this case, the survivor did not live with the abuser. So one might be asking, why then did she stay? If she was not married to her abuser and her family did not even like him, why didn't she just leave him?

It is important to review what Ana said and how she perceived the situation. She first said she felt his controlling behavior was normal; she felt it was his way of showing his love for her. This feeling is not uncommon. Many times one will hear people say that if a man is jealous, it is because he cares about you and doesn't want to lose you. Certainly, Ana had heard the same lie. Many women confuse jealousy and controlling behavior for love. Although her boyfriend raped her, she thought this behavior was normal. In addition, she thought their relationship would improve once he married her and made an honest woman out of her. Most of all, she did not want her secret (not being a virgin) to get out and bring shame to her and her family. Keeping that a secret was basically the foremost important issue for Ana at that time and the reason she stayed with him.

Now, even after many years later, it is not difficult to see why it continues to impact her. She went through the entire experience without telling anyone about the abuse, the rapes, and the forced abortions. The abortions are what tormented Ana the most. Although she did not have much control over what she did, one could argue that she could have said no to the abortions. But she was so afraid of him and what he might do to her that she did not dare refuse. However, it is still very painful for her to talk about it. It is obvious that this pain will stay with her for a very long time.

Therapy

There are great benefits of going to therapy after having gone through abuse and trauma of any kind. Therapy can help answer some questions about the abuse, help someone understand and make sense of the situation. It also helps one to understand who is responsible for the abuse. Many times, like in Ana's case, survivors feel embarrassed of the abuse and wonder what will people say (que diran) even after it is over. Ana wanted so desperately to set a good example to her sisters and maintain her mother's respect that she dared not tell them about anything that happened to her, then and even now. She said she had not even told her husband, which brings us to this final point.

Ana says her life is good. She is married, and her husband trusts her. However, she said her husband was once unfaithful and she forgave him. She said she forgave him because what she did (having the abortions and having lost her virginity) was far worse than her husband cheating on her. This is a clear sign that Ana still has a lot of healing to do and that she needs to let go of this guilt and shame. Ana continues to feel very responsible for what happened; therefore, anything bad that happens to Ana will seem acceptable to her, it will seem "not so bad" in comparison to her "sins." Ana has taken on the responsibility for the abuse of her abuser. Regrettably, Ana is not alone. Until DV is seen as wrong and unacceptable, it will continue being a dirty little secret for many, and it will persist in all communities.

Ana

Esta historia empieza cuando yo tenía 18 años. Cuando mi papá murió los más grandes nos salimos de la escuela y nos pusimos a trabajar pues éramos una familia de 14 y mi mamá necesitaba mucha ayuda. Al poco tiempo mis dos hermanos mayores se casaron y yo tome la responsabilidad completa de mi familia.

En ese tiempo conocí a un muchacho que al principio no me atraía pero él me buscaba mucho y después de tanta insistencia yo accedí a ser su novia. El tenía 23 años, era muy trabajador y era estudiante de ingeniería. Cuando empezamos la relación todo parecía estar bien, pero al poco tiempo y poco a poco él cambio y su cambio me cambió a mi también.

Cuando él me recogía del trabajo me gritaba si me tardaba un minuto más, cuando salíamos él tenia que aprobar la ropa que estaba usando, si a él le parecía mi falda muy corta o mi blusa muy escotada me regresaba a cambiarme. Cuando estábamos juntos y yo miraba a otro hombre él rápidamente me preguntaba que si lo conocía, que si tenia algo que ver conmigo, que cuantas veces me había acostado con él y un sin fin de preguntas a gritos que me dolían, que me hacían sentir mal. En mi casa a nadie le gustaba su forma de ser. Yo pensaba en ese tiempo que sus celos eran solo signos de amor y sus gritos y exigencias eran solo enojos naturales.

Un día él me llevó a un lugar a la fuerza y me forzó a tener relaciones con él . . . Yo, yo no quería y no quería, yo le rogaba que no lo hiciera que me dejara ir pero él no escuchó y me violo, ahora yo se que fue una violación. En ese tiempo yo pensé que así era el noviazgo y ya pero después de la primera vez fue todo peor. Por alguna razón él pensó que yo era de su propiedad y los enojos subieron de tono y las violaciones tomaron velocidad porque cada vez que él quería abusaba de mi, lo hacia a la fuerza porque yo no quería, no era lo que yo quería para mí pero él nunca escuchó.

Después de un tiempo él compró una casa y me llevo diciéndome que él se casaría conmigo y que esa seria nuestra casa, que arreglara la recamara porque esa seria nuestra para toda la vida y que yo podría decorarla como yo quisiera. Yo recuerdo que estaba contenta pensando que de verdad él se casaría conmigo y que esa seria nuestra casa. Yo la decore pensando que él cumpliría su promesa y que mi mamá y mis hermanas me verían salir de mi casa de blanco como el gran ejemplo, como debía de ser. Esa casa se convirtió en mi más grande pesadilla porque esa recamara se convirtió en el cuarto de violaciones a golpes sin yo sentirme capaz de hacer nada.

Yo trate repetidas veces de dejarlo pero él me seguía y me hacia escándalos todo el tiempo. En una ocasión que yo lo dejé, él se presento en la escuela donde yo estaba tomando clases después del trabajo. Ese día estaba yo esperando la siguiente clase sentada muy tranquila cuando de pronto se abre el elevador y sale él completamente ebrio, fachoso y desaseado, recuerdo que sentí que me moría, recuerdo que mi cuerpo se paro como resorte y como inercia camine hacia él. Yo le pedí que se fuera pero él me dijo que no que había venido por mi y que si no me iba con él me haría un escándalo y yo, yo opte por aceptar porque yo sabia que él era capaz y solo le pedía a Dios que nadie lo viera, me provocaba vergüenza. Cuando salimos tomamos un taxi yo le pedí al chofer que nos llevara a la casa de él (mi novio) pero cuando él escucho eso me maltrato tanto, me grito que yo era una hija de tantas que yo era una prostituta, que yo era de lo peor. Me gritaba fuertemente que yo no lo mandaba que él era el hombre por lo tanto él decidiría a donde ir pues yo no era quien para hacerlo. Finalmente él dirigió el taxi a mi casa y todo el camino me ofendió abiertamente. Cuando llegamos a la casa se le transformo su cara y su conducta parecía de un gran caballero con mi familia. En esa ocasión regresamos de nuevo.

Ni mis hermanas ni mi madre lo querían pero no se lo dejaban saber de ninguna manera.

A pesar de que mis hermanas sabían de su maltrato no hacían nada en contra de él solo me decían que lo dejara, que lo corriera de la casa. Cuando yo intentaba hacer algo, cuando yo le reclamaba sus maltratos él me decía que no recordaba nada que él estaba borracho, que él me quería mucho y que pronto nos casaríamos, pero eso nunca pasó.

Recuerdo también que una tarde nos acompaño a un día de campo a mí y a mi familia y

antes de que se terminara el día de campo mi hermana nos invitó a su casa. Minutos antes que terminara el día de campo él me pidió que nos adelantáramos a la casa de mi hermana y yo ingenuamente acepté sin objetar. Cuando llegamos aya él me jalo de la mano y me dijo: "vente vamos a echarnos un rapidito" yo no lo podía creer, me sentí tan mal que solo le conteste que no que yo no quería, que estábamos en la casa de mi hermana, que por favor no lo hiciera, que ellos no tardaban en llegar. El no me escuchó y me arrastro hasta el baño y ahí me violo de nuevo, en el baño de mi hermana.

Todo empeoro aún mas para mí cuando después de tanta violación salí embarazada, en cuanto le comunique a él solo me dijo que no podía ser que no podíamos con eso. Recuerdo que lo último que me dijo de esa conversación fue que me recogería él siguiente día por la mañana sin decirme a donde iríamos. Al siguiente día así fue, él me recogió muy temprano y sin explicarme o pensarlo mucho me llevo a un lugar completamente desconocido para mí, recuerdo que antes de entrar solo me dijo: "usted se calla, yo soy el que va a hablar, usted solo haga lo que yo le diga." Cuando entramos estaban unos señores ahí y solo había una pequeña camilla en la cual me pidieron que me acostara. Cuando yo pregunté para que, él me repitió que hiciera lo que él me dijera y ya. Yo no tenia idea de lo que sucedería pero era tanto mi miedo o mi obediencia no se que solo opte por hacer lo que él me estaba pidiendo.

Yo sentí que me sedaron y cuando desperté me di cuenta que mi bebe ya no existía mas y lloré y lloré, me dolía tanto, me habían abortado a mi bebe. Yo solo lloraba sin entender exactamente que había pasado ni el porque pues cuando preguntaba la única respuesta fue: "nada mija nada, tu vas a estar bien". Después él me llevo a su casa porque le dijeron que tenia que cuidarme que me tenía que poner hielo y que necesitaba mucho reposo, ese día me quedé con él.

Varias veces ya había pasado la noche fuera de mi casa para mí era como una doble vida pues a mi mamá le mentía para justificarle mi ausencia, le decía que nos habíamos quedado en la fiesta con sus amigos o con su familia cualquier cosa para cumplir sus deseos pues él me decía que no le dijera la verdad a mi mamá y para cubrir mi vergüenza pues no era capaz de declararla aun. Después del primer aborto yo me sentía tan mal que solo me aliviaba su promesa de que nos casaríamos el año próximo, promesa que le pasaba en limpio a mi mamá pues esa era mi forma de sobrevivir esta doble vida, esta era la bandera más grande que podía compartir con mi familia.

En verdad muchas veces trate de dejarlo pero siempre era lo mismo con él, y con migo. Los viernes de seguro llegaba borracho haciendo escándalo y pues yo salía para evitar que los vecinos escucharan todo. A veces salía yo y lo pasaba, otras veces solo salía y le pedía que se fuera con todo y mariachis porque hasta mariachis traía como parte de sus escándalos.

Una de las veces que regresamos fuimos a su casa y todo el sábado no la pasamos en su casa platicamos como nunca antes y yo aproveche para decirle que ya no lo quería que me dejara en paz por las buenas que yo ya no quería nada con él. En cuanto terminé esa frase me empezó a pegar como loco, yo solo pensé: "este me va a matar aquí y nadie me va a escuchar." Yo desesperada le preguntaba porque me estaba golpeando y él solo gritaba que yo era una prostituta que seguro me había ido con cuanto hombre se me había presentado cuando estuvimos separados. Me pegaba tan duro que de verdad creí que me mataría y pensaba como hacerle para que él no me pegara mas, recuerdo que él tenía una espada de adorno que tome y trate de amenazarlo con ella pero él con toda la fuerza me la quito y me iba a dar con ella cuando yo fingiendo, me desmaye como ultimo recurso para parar sus golpes. Afortunadamente, funcionó y él paró asustado, trató de hacerme reaccionar y como no lo hice me llevó inmediatamente a una clínica donde le dijeron que aparte de los golpes yo estaba embaraza. Ahí mi mundo se vino abajo de nuevo, me olvide del dolor de los golpes y yo empecé a llorar y él me pidió que dijera que yo había tenido una peligrosa caída para así justificar los golpes.

Otro aborto llegó a mi vida, este ya era el segundo y esta vez supe exactamente lo que estaba pasando. El me forzó a tenerlo pero aun así me sentí tan mal, tan destruida y tan arrepentida que quería dejar de existir para siempre. Después de ahí yo decidí dejarlo de nuevo y ahí empezaron los acosos otra vez y los mal tratos e insultos a grito abierto, me esperaba fuera del trabajo o donde anduviera. Me llegaba de repente, no le importaba donde yo estaba o con quien yo estaba, si yo estaba con mi familia, con mis compañeros o con mis jefes a él no le importaba, si yo no accedía a sus caprichos él me amenazaba con un escándalo o me agredía delante de quien fuera. Yo solo hacia lo que él me pedía, era una cosa tremenda la obediencia que yo tenia hacia este hombre. Llegue a ser irresponsable con mi trabajo, con mi familia conmigo misma por él, solo por él.

Todos lo que me conocían, mi familia, mis compañeros de trabajo y mis amigos me preguntaban porque yo andaba con él que él era muy agresivo y que yo era muy buena y muy bonita para él, pero para mí esa no era una realidad. Tres años duró este terror y de esos tres años la mitad estuve tratando de dejarlo pero fue bien difícil hasta que por fin un compañero me ayudó hacerlo finalmente. Para mi él fue una bendición, una verdadera bendición en mi camino.

En un día de trabajo ese compañero (Bernal) en una platica que tuvimos me preguntó si ya había terminado con él, yo le dije que si pero que él me seguía acosando. Recuerdo que Bernal me dijo que él me podía ayudar para que él me dejara en paz pero yo le dije que no se preocupara que esta vez yo no regresaría con él. Bernal, muy amable y respetuoso me invitó al cine ese día y yo alegremente acepte, ese día espere con ansias la salida de turno y minutos antes de salir la secretaria me dijo que tenia una llamada, yo sabia quien era y le pedí que le dijera que yo ya me había ido y me fui, me fui al encuentro de mi compañero, de Bernal, que ya estaba afuera.

Cuando estaba a punto de cruzar la calle mire a Bernal esperando por mí. Cuando atravieso el camellón sentí que alguien me agarró por atrás y que empiezo a temblar, yo supe que era él, y que me empieza a jalonear y a gritar que era una mentirosa que yo era una cualquiera y que lo iba a pagar. En ese momento Bernal llego rápidamente donde estábamos y se le enfrento, le preguntó que a donde me llevaba y le dijo que me dejara en paz, él enfurecido le dijo que él no se metiera que quien era él, Bernal le contestó que él era mi novio. El desorbitado le respondio que él era el que era mi novio y empezaron a discutir mas fuerte, él decía: "se va conmigo", y Bernal decía: "no, se va conmigo". Finalmente Bernal me preguntó que si con quien me quería ir y yo, yo rápidamente dije: "contigo Bernal, yo me voy contigo". Bernal le dijo enérgicamente: "ya la óiste y sino la dejas ir aquí nos arreglamos como quieras". Mi compañero estaba de la misma estatura que él y él le dijo: "esta bien, que se valla contigo . . ." Y se fue, por primera vez se fue sin conseguir lo que quería. Afortunadamente, después de ahí su acoso

y sus amenazas solo duraron cerca de dos meses, después de ahí él
se olvido de mí . . .

Esta parte de mi vida me afecto tanto, nunca lo olvidare, creo que
nunca me recuperare de esos tres años de mi vida . . . Nunca pude
compartir con nadie ni la mitad de lo que me estaba pasando.
Por todo lo que yo pase, todos los problemas yo sola los tenia que
resolver. Lo que tal vez mas me afecto fueron los abortos, ahora que
yo escucho decir: "di no al aborto", me duele. No sabes como me
duele. Hasta el día de hoy recuerdo exactamente y con precisión
el primer aborto recuerdo también que sin entenderlo siquiera me
dolió increíblemente.

¿Porque me quede callada? Por vergüenza, por el que dirán, yo
me sentía marcada, sentía que no valía nada, aparte yo tenía una
responsabilidad que era mi familia. El ejemplo que les tenía que
dar a mis hermanas era sumamente importante para mí para mi
madre, el casarse de blanco era bien importante. El respeto y la
confianza de ella no la podía perder, especialmente porque solo eso
me quedaba, todo lo que me quedaba de lo que no tenía . . ., de mi
vida.

Hoy me pregunto a mi misma si a estas alturas de mi vida yo
pudiera compartir con la gente que me conoce esta situación vivida
y aun pienso que no, que vergüenza, no creo que lo haría. Ahora mi
vida esta bien, yo me case y tengo hijas grandes ya, mi esposo me
tiene mucha confianza y aunque hace tiempo él me fue infiel yo lo
entiendo y lo perdono. Ni siquiera mi esposo sabe la realidad que
viví, él solo sabe que tuve un novio, muy borracho, pero nada más.

A mis hijas, seguido les aconsejo que no importa que presionadas
estamos en una relación que no tenemos que quedarnos en ella
por ninguna razón, si no queremos. A veces quisiera saber que
hubiera pasado si le hubiera contado todo a mi mamá, pues ella no
aprobaba esa relación y aun sin saber toda la verdad.

Lecciones Aprendidas

La familia primero

El tener que poner las necesidades de la familia antes que las propias es muy común dentro de la familia Latinas; el individualismo no existe en esta unidad. Al igual que en el caso de Ana, la expectativa que frecuentemente se tiene de muchas otras Latinas es de apoyar a sus padres, abuelos y/o hermanos. Este apoyo puede ser tanto cuidado físico y/o monetario. Por lo tanto no fue extraño que cuando el papá de Ana murió ella y sus hermanos mayores dejaran la escuela para trabajar y poder mantener la familia. Sin embargo, los hermanos lograron salir de su responsabilidad al casarse pues tenían ya la de sus propias familias. Algunos pueden pensar que esta tradición es injusta y puede ser. Aun así, el hecho de no cumplir con estas expectativas puede traer serias consecuencias y causar problemas con la familia. En el caso de Ana, ella quiso hacer lo correcto con su mamá y sus hermanos y no reuso hacer el sacrificio.

Virginidad

Desafortunadamente, el sentido de responsabilidad por su familia causo que Ana se fuera a los extremos. No solamente sentía la responsabilidad financiera sino también de mostrarles una buena conducta moral. Ella tenía que ponerles el ejemplo y mantener a todo precio el respeto de su mamá. En su historia ella expreso lo importante que era casarse de blanco, el casarse bien por el bienestar de su familia, lo que significaba que tenia que mantenerse virgen hasta el matrimonio. Claro que esto fue imposible para ella después de que su novio la violo. Sin embargo, parecía ver una pequeña esperanza cuando él le prometía que se casarían. Para entonces, el matrimonio hubiera sido la mejor solución, una salvación. Entonces ni su familia, ni nadie en su comunidad sabrían que ella ya no era virgen, excepto por su novio, que era su violador.

El no estar familiarizado con la importancia de la virginidad de una mujer dentro de la cultura Latina hace difícil entender porque era tan importante para Ana mantener el secreto. En la cultura Latina el estatus de una mujer es basado en su inocencia. El mantenerse virgen e inocente hasta el matrimonio coincide con las profundas enseñanzas de la Iglesia Católica y Romana sobre la pureza de la mujer[2]. México, de donde es Ana, esta muy influenciado por la iglesia en temas privados. Frecuentemente los padres hablan y presumen de que sus hija(s) se caso(aron) de blanco.; en otras palabras, presumen de que su castidad fue preservada hasta el matrimonio. Esto parece ser la responsabilidad más grande de los padres y es algo en que ellos y la familia entera se enorgullece. El no ser virgen, puede traer pena y vergüenza a la familia sin importar las circunstancias. Para la comunidad, saber que una mujer no es virgen puede causar un gran daño a otras mujeres solteras de su familia, causando que sus prospectos desatinen.

¿Qué dirán?

En la cultura Latina, la presión social del "que dirán" es tan importante como la virginidad de la mujer. El que la comunidad te mire menos, hable de ti, cree desapruebo a tu alrededor, puede ocasionar, para muchos, mantener las cosas en secreto . . . como lo hizo en Ana. Ella no le dijo a nadie de las violaciones, de los abortos forzados o del abuso de su novio por "el que dirán" y el reflejo de su familia en la comunidad. Ella temía más del "que dirán" de la comunidad que de su propia seguridad. Un buen ejemplo de esto es su reacción cuando su novio venia a su casa alcoholizado y con mariachis en sus intentos de regresar con ella después de haber terminado la relación. Como resultado, ella fue forzada a hablarle y eventualmente a regresar con él para que parara sus escenas. Sus espectáculos públicos la avergonzaban y él lo sabía. El uso esto a su favor como una forma de control sobre ella.

El novio de Ana sabia que para ella el "que dirán" era muy importante y lo usaba en sus intentos de humillarla enfrente de su familia, amigos, compañeros de trabajo y vecinos. Este es un excelente ejemplo de cómo humillación es una forma de controlar otra persona en una situación de VD. Aun que no estaban casados, el abuso que ella pasó con él esta bajo la descripción de VD (referirse a la descripción de VD).

La violencia que se vive durante el noviazgo no es diferente a la que se vive en el matrimonio o en la convivencia con el abusador. En este caso la sobreviviente no vive con el abusador. Entonces, uno podría preguntarse ¿por qué se quedó? Si no estaba casada con el abusador, y su familia no lo quería ¿por qué no se fue y ya? Es importante revisar lo que Ana dijo y como ella percibía la situación. Primero, ella dijo que sentía que su conducta de control era "normal," sentía que era la manera de que él le demostraba su amor. Este sentimiento es común, muchas veces uno escucha a la gente decir que si el hombre es celoso es porque te quiere y no te quiere perder. Seguramente, Ana ha escuchado la misma mentira. Muchas mujeres confunden la conducta de celo y control con amor. Su novio la violo y aun cuando no fue con su consentimiento, ella pensó que era normal. Aparte de esto, ella pensó que las cosas estarían bien cuando él se casara con ella y la hiciera una mujer honesta. Mas que todo, ella no quería que su secreto (no ser virgen) se supiera y le trajera vergüenza a ella y a su familia. Básicamente, en ese tiempo era lo más importante para Ana y la razón por la cual ella se quedo con él.

Aun ahora, después de tantos años, no es difícil ver como el abuso le afecto a Ana. Ella pasó todo lo vivido sin decirle a nadie acerca del abuso, las violaciones y los abortos forzados. Lo que mas le atormenta son los abortos. A pesar de que ella no tuvo control sobre lo que estaba haciendo uno puede argumentar que ella pudo decir que no a la hora de abortar, pero le tenia miedo a él y a lo que pudiera hacer que no se atrevió a rehusarse. Sin embargo, es muy doloroso para ella hablar de esto a pesar de que ya han pasado tantos años. Es obvio que este dolor estará con ella por mucho tiempo.

Terapia

Es un gran beneficio ir a terapia después de haber pasado por abuso o algún trauma. La terapia puede ayudar a contestar algunas preguntas acerca del abuso, entender y hacer sentido de la situación. También ayuda a uno a entender quien es el responsable del abuso. Muchas veces, como en el caso de Ana, sobrevivientes se sienten avergonzadas por el abuso y se preguntan que dirá la gente; "el que dirán" aun después de que termina. Ana quería desesperadamente poner un buen ejemplo para sus hermanas y mantener el respeto de su mamá que no se atrevió a decirles nada de lo que paso con ella, ni antes ni ahora. Ella dijo que ni siquiera a su esposo le ha dicho, lo que nos lleva al punto final.

Ana dijo que su vida esta bien. Ella esta casada y su esposo confía en ella. Sin embargo, ella dijo que su esposo le fue infiel y ella lo perdono. Ella dijo que lo perdono porque lo ella hizo (los abortos que tuvo) fue mucho peor que el que su esposo la engañara. Esto es una clara señal que Ana aun tiene mucho que sanar y dejar ir la culpabilidad y la vergüenza. Es claro que Ana se siente muy responsable por lo que pasó; por lo tanto, cualquier cosa mala que le pase, le parecerá aceptable, se vera *"no tan malo"* en comparación. Ana ha tomado la responsabilidad de su abuso por su abusador. Desagradablemente, Ana no es la única. Hasta que la VD sea vista como errónea e inaceptable, continuara siendo un pequeño sucio secreto para muchos y persistentemente sobresaldrá en todas las comunidades.

Maribel

Although my mother was overbearing and aggressive and she constantly hit and punished us, I was a happy child. I think I was happy because I knew my father loved us. But everything changed for me when one of my sister's male friends—and later on, my sister's brother-in-law—touched me, when I was five years old. I cannot remember what made me realize that that type of behavior was abnormal and inappropriate, but I remember how awful I felt. I thought it was my fault that they touched my private parts, and I even believed that I did something wrong to make those men either touch me inappropriately (my sister's friend) or kiss me secretly in a room (the brother-in-law). What made things worse is that it felt good at times, and that made me more confused.

Time passed, and when I was eleven years old, my family and I came to live in the United States, and it was then that I again saw my sister's brother-in-law. He came around and started courting me. He said he had loved me ever since I was a little girl. I remember he gave me gifts, and I liked that because no one had ever given me anything before. On one occasion, my father saw us together and immediately called the police. My father knew his intentions and thought he was a pervert. After all, I was a mere child and he was twenty-one years old. But that man did not give up. A few days later, I received a message from him, asking me to see him so that I could run away with him. I agreed. I was only twelve years old.

I never thought for a moment what would happen if I ran away with him. It never occurred to me I would have to cook, tend to his needs, and worse of all, I would have to have sex with him. It was a horrible experience. Unfortunately, I had to endure it because in my mind, it had been my decision to run away with him; no one had forced me to go with him. There was no turning back. To make matters worse, he was jealous, and along with his jealousy came the yelling and, later, the beatings; he abused me on a daily basis. He constantly accused me of cheating on him. Four months later, I was pregnant, and the nightmare got worse. I don't know if it was due to my age or the abuse, but I miscarried. After I lived with him for eight months, my mother came for me and took me back home.

Despite everything I went through those eight months, I believed my duty was to be with him. Incredibly, I felt a need to talk to him. Without my family knowing, I called him, but he only insulted me. I remember on the two occasions I spoke with him, he was very cold and insulting and said something that scarred me. He said I would end up being a prostitute, a worthless prostitute. He seemed to predict that because I had been with a man since I was child, being a prostitute would be the only outcome for me. At that moment, I swore I would never become what he said, and I also vowed never to speak to him again.

I continued to live with my parents until I met the father of my children—my husband of seventeen years. I was sixteen when I met him. He followed me around; he was very attentive and nice. Most importantly, he knew what happened to me and that I was no longer a virgin, and despite that, he wanted to marry me. I felt he was doing me a favor by marrying me. I think I was more in love with his love for me, so I decided to marry him; I was seventeen.

Since day one, I regretted getting married. The first day of marriage, his true self came to light, and the abuse started. He was jealous all the time. He wouldn't let me go out, have friends, or visit my family. I couldn't speak to my family because we didn't even have a telephone. Worst of all, I got pregnant during the first month of our marriage. I sometimes thought about leaving him, but the shame of being alone and pregnant seemed worse, so leaving him only remained a thought. As soon as my son was born, I became a slave; I wasn't even allowed to go out to the store. I only took care of the baby, but the baby slept a lot, and I was bored. I felt I had too much time on my hands, so I decided to have another baby.

I attempted to divorce him the first time I found out he was unfaithful to me. A woman told me my husband had forced her to have sex with him. I felt terrible; I couldn't believe he was capable of doing this to me. When I told my family I wanted to divorce him because of his infidelity, everyone said I was crazy. They could not believe I was going to leave the father of my children and asked what would become of my children. My sister told me not to leave him because financially he supported my children and me and he didn't hit me like her husband hit her. She said I lived a good life. My mother concurred and reminded me that I had gotten married in church, so my husband was the cross I had to bear. Instead, she recommended that I please him in bed so that he wouldn't sleep around with other women. Of course, they didn't know about the physical abuse because I never told them. They thought he was a good provider, father, and husband. They were against me leaving him, and I was afraid of what people would say, so I stayed. I stayed with him, aware of his infidelity and feeling used.

The years passed, and the abuse continued. I was tired of it. Again I thought about leaving him. I spoke with a counselor, and he explained to me that I was free to leave with my children whenever I wanted. The counselor spoke with my husband as well and informed him of my intentions and that he should respect my decision. But my husband denied we had any problems, and of course, he did not allow me to leave. Things remained the same, and I stayed. I later became pregnant for the third time. I agreed to have sex with him, although I didn't want to get pregnant. I took the pregnancy as a sign that it would be best to stay with him. My children were happy about the pregnancy, and surprisingly, so was my husband. Thus began the beautiful honeymoon. He was so kind, and I was truly happy for the first time.

Unfortunately, the honeymoon ended when the baby was seven months old. My husband started having an affair, and his kindness toward me ended. I didn't know what to do to get that honeymoon feeling back, so I decided to get pregnant again for the fourth time, hoping to get his love back. It never returned. He continued being unfaithful, over and over again. But I decided to stay with him and remain quiet because my children and I lived comfortably. We took many vacations, and financially, we were well off.

One day, when my husband was being abusive, I heard my oldest son say he wanted to kill himself. I really didn't pay attention to him until his school called us and said our family needed to go to counseling. I recall my husband angrily responding to this request that my son was the one with the problem, not him, and stated he didn't have time for family counseling. He and I knew we needed help, but as always, he refused. That day, I thought about what was happening and what had been happening for years. It was then that I realized I was raising my children the same way I was raised, with constant scolding and abuse. At that moment it dawned on me— my children did not obey me, and when they did, they only did after I scolded and punished them. I felt they were slipping away from me.

I took my son to counseling, but the counseling sessions proved helpful to me as well. The counselor showed me another way to communicate with my children, and my relationship with them improved. During the counseling sessions, I also discovered that my life with my husband was based on violence and abuse and that I was obsessed with my marriage, as it was all that I knew. The first time the counselor and I talked about my role as a wife, she asked me what I wanted from my marriage. I immediately told her

I wanted to win my husband back and asked her to tell me how I could accomplish that. She remained silent while I thought of a plan.

Finally the day came when it was unbearable for me to be around my husband anymore. I don't know how it happened, but my husband destroyed my life. I started finding excuses to stay away from home, excuses to be away from him while remaining married to him. One day my children and I went to visit my sister, and while she and I were on the second floor, my children remained downstairs playing. I clearly remember one of my nephews came upstairs and said my twelve-year-old son was laying on the ground. I ran downstairs and found him lying there vomiting, defecating, and unconscious. I was so scared; the only thing I could do was to ask what they gave him. My nephew said he had drunk alcohol when all of a sudden, he fell down. Crying, I called my husband and asked him to pick us up immediately.

When my husband arrived, I asked him to take us to the hospital, but he refused and said not to be ridiculous. He said all that my son needed was a cold shower and a strong cup of coffee to help sober him up. My son looked drugged and unconscious, and without thinking twice, I got in the car and took him to the hospital. When we arrived, he was given oxygen, and they pumped his stomach. Because of his condition, they couldn't keep him there; they transported him to another hospital. While they were transporting him, I asked the paramedic if my son would remain asleep all night. The paramedic seemed upset and said, "Lady, are you blind, or don't you realize how serious the situation is? Your son could go into a coma, or he could die at any moment. The amount of alcohol in your son's system is very high." Oh my god, I felt like dying at that moment. The paramedic intensely looked at me, and with his stare, I could tell he thought my son's condition was entirely my fault.

Luckily, my son regained consciousness and did not remember a thing. The hospital's social worker asked me many questions and probably only left me alone because my son was already being seen by a counselor. But I am sure she thought it was my fault too. The day my son was released from the hospital, I called my sister, quite upset, and I asked her about the person responsible for giving my son alcohol. She was very offended and said, "Don't act dumb, your son drinks because he can't stand the situation at home. He told my daughter he can't go on with the fighting at home. He wants to die." At that moment, I recalled the day my oldest son said he wanted to leave home because he couldn't stand it anymore. I saw the image of my son in the hospital, and my first thought was to run out screaming.

It was so ironic—financially, we were well off and my children had everything they wanted. I thought the best thing and the right thing for everyone was if I stayed married, but it was really just a slow death. Life is ironic. I was very confused because my husband would threaten to kill me if I left him, yet he was still having affairs. All I could think about was leaving forever with my children.

Finally, another counselor helped me through my confusion. Slowly she explained some concepts that were foreign to me. I began to understand my husband's treatment was not normal; it was clearly abuse. I kept thinking how my husband never asked me for forgiveness. Everything he did was always my fault—his affairs were my fault, the venereal diseases I got from him were my fault, when he hit me it was my fault, and his insults and degrading treatment were my fault. The sad thing was I always believed it; I believed it was my fault.

Little by little, things were becoming clearer to me. I stopped feeling what I always thought was love for him. I saw his last affair as my last opportunity to finally leave him and get him out of my life. I confronted him about the affair, and he couldn't deny it because at that time he was with his mistress. On that particular day, I simply told him to go home and take all his belongings and get as far away from my children and me as possible.

I decided to end the marriage. Despite everything, it was a hard decision for me to make. It was all so difficult . . . especially because I did not have any emotional support. My mother was against my divorce. Days after I made my decision, I went to her house, and the first thing she said was, "When are you getting back together with your husband? Stop being ridiculous and go back to him." I was very upset. As I was crying, I told her, "Mom, I feel very alone and without any support. You're my mother, and I don't even get any support from you. I'm not saying you should applaud my decision, but at least respect it. But if you can't do that, I will never set foot in your house again. I am tired that every time I come, you say I must have a good relationship with my husband. What are you worried about?" My mother screamed that I knew no one respected a divorced woman and wondered what I was going to do with my five children. At that moment, my brother overheard us and said to my mother she should support me. He said I knew what I was doing. Only I knew what kind of life I lived with that man. At that moment, she hugged me and asked for forgiveness. She said she would support me because she was my mother. I only remember feeling resentment, sadness, and strength all at the same time. I cried and cried like I never had before . . . and yet like I always did.

Lessons Learned

This book did not start out with a focus on child sexual abuse (CSA). However, the more stories we heard, the more we realized that many of the women interviewed have had a history of CSA. In this case, Maribel had a history of CSA that started at a very young age (five years old) and continued until her early adolescent years. As we learned from the previous stories, the perpetrators of the abuse are usually a family member or a close family friend. In Maribel's case, it was her sister's brother-in-law, who was nine to ten years older than Maribel.

Child Sexual Abuse

According to the American Academy of Child and Adolescent Psychiatry,[3] studies provide little evidence that race or socioeconomic circumstances are major risk factors for CSA. However, these same studies do show elevated risk for children who experienced parental inadequacy, unavailability, conflict, harsh punishment, and emotional deprivation.[4] Maribel did experience some of these factors at home, especially severe punishment from her mother, which pushed her to seek attention from no matter whom.

The idea that a twenty-two-year-old man could claim to have been in love with an eleven-year-old child is quite disturbing, to say the least. It goes without saying that this man was a sexual predator and abuser and should have been treated as one from the very beginning. Although Maribel's father tried to keep him away from his daughter—he called the police—this man was determined to have his way with Maribel. To make matters worse, at that time, Maribel's family was new to this country, and they did not know what the laws were pertaining to an twelve-year-old girl running away with a man. Many times, immigrant families cannot properly advocate for their children; oftentimes they do not know the laws or their rights or speak limited English.

Although it was Maribel's choice to run away with this man, the fact remains she was only twelve years old. What does a twelve-year-old know about the consequences of running away with a twenty-one-year-old man? At that age, what life choices is a child capable of making? She clearly stated that she had no idea what living with this man entailed. It is clear he lured her to run away with him by buying her things that she admitted made her feel special. No matter what the reasons were for Maribel to run away with him, the fact remains she was twelve years old. He was twenty-one, and he had sex with her; he was guilty of CSA. In the United States, this type of sexual intercourse is considered CSA, which is defined as sexual intercourse with a person (girl or boy) who has not reached the age of consent, even if both parties participate willingly. (To learn more about CSA and its effects, visit the American Humane Society at http://www.americanhumane.org/.)

Nonetheless, Maribel paid a heavy price for her decision. Because she felt she had chosen to run away with this man, she believed she had no choice but to stay in the abusive relationship. It is important to remember that she did not see his behavior as abnormal or the abuse as wrong. Although she was afraid of him, she felt she had made her bed and she must sleep in it, no ifs or buts. To make matters worse, she became pregnant at a very young age, and like many children who become mothers, Maribel's body was too immature and fragile to carry the pregnancy to full term. The abuse and stress were probably factors that contributed to her miscarriage.

Virginity

Although Maribel was taken out of the abusive situation, she felt responsible and ashamed for not being a virgin. This was clear when she talked about her husband's reaction to her past. She said, "Most importantly, he knew what happened to me and that I was no longer a virgin and despite it, he wanted to marry me. I felt that by marrying me, he was doing me a favor." In this statement, one can see how Maribel valued herself based on her virginity. Surely these feelings did not come out of the blue. Obviously, there were messages she heard and received from within her environment—her family, friends, and her community—on how a woman's value is based on her chastity.

We see how shame played a role in other decisions Maribel made. For instance, when she was pregnant with her first child, she seriously thought about leaving her husband but was ashamed of being pregnant and alone, which to her seemed worse than the abuse, so she opted not to leave. The stigma of being single and pregnant is so strong in the Latino community that Maribel perceived it worse than the abuse she was enduring.

The Influence of Culture and Religion

The truth is that most Latina women are expected to get married and remain married, no matter what. To understand this, one must understand that there are cultural foundations for the institution of marriage and that traditions are of crucial importance. Experts explain that "women would marry and have children, and many did so in their teens. The Catholic Church reinforced this, where marriage and childbearing are considered to be part of God's plan for human beings. Marriage was vital, for homemaking and the bearing and rearing of children were considered the ultimate fulfillment of a woman's life in this world."[5]

We see an example of this influence of tradition and the church when Maribel's mother tells her she cannot leave her unfaithful husband because "I got married in the church, and so my husband was the cross I must bear." Therefore, according to Maribel's family and her culture, leaving your husband for whatever reason is not an option. To be a divorced woman, a single mother, is unacceptable for many in the Latino community. Single mothers and/or divorced women are criticized by the community and are sometimes ostracized. Thus, it may seem best to some women, no matter what their situation may be at home, to remain married in order to be respected by the community, keeping with tradition and the culture's expectations and abiding with the Catholic Church's rules.

What prompted Maribel to leave her husband was her realization that he had forced another woman to have sex with him. In her own words, she felt terrible because "I couldn't believe he was capable of doing this to me." It's interesting how she makes no mention of the woman's accusation that her husband had *forced* himself on her or, in other words, that he had raped her. She wanted to leave her husband but was confronted with a lot of resistance from her family, mainly from her mother, who believed that she was married, so she had to endure the suffering. "Es tu cruz." It's your cross to bear.

Es tu cruz is a very common phrase heard in many Latino homes. *El cruz* refers to one's burden. As a result, a Latina must undergo all suffering. This image of suffering is a way of proving one's worth as a woman, a good woman. In addition to advising Maribel to endure the suffering, Maribel's mother advised her daughter to focus on how she could keep her husband from having affairs. Maribel's mother said, "What I had to do instead was to try to please him in bed so he wouldn't sleep around with other women." This piece of advice clearly placed the responsibility of the relationship on Maribel's shoulders. Her mother obviously did not see his behavior as wrong but, rather, as a reflection of Maribel's inability to please her husband.

The Effects of Domestic Violence on Children

Ultimately, the abuse did not only affect Maribel but also her children, which is often the case of children in abusive households. Experts say that children who are exposed to domestic violence (DV) are affected in different ways. However, in order to assess how much a child is affected by domestic violence, many factors need to be taken into consideration, such as the age of the child when the violence occurred and the severity and the reoccurrence of the violence. Experts agree that children who witness domestic violence are more likely to experience behavioral and emotional problems than children who do not.[6] The use of substance and suicidal thoughts are other consequences related to children of domestic violence. Maribel's son experienced depression and hopelessness and had a history of alcohol abuse. He also expressed a desire to die, which went ignored until the school notified his parents of the situation.

Some children who witness DV may express their feelings by being very aggressive with their siblings, pets, or even with their mothers, while other children may become very quiet, shy, or withdrawn. There is no one way to predict how children who witness domestic violence will act; however, it is for certain that domestic violence will have an effect on them, either when they are children, adolescents, or adults. The degree of the consequences is never really known; each case is unique.

Although Maribel was a good mother and only wanted what was best for her children, her decisions actually hurt them. Many times, mothers who are survivors of DV are so caught up in the abuse that the very children they are trying to protect are often the ones who suffer the most. Fortunately, Maribel's son's school was attentive and proactive and advised counseling for him, which later helped them both.

Even though Maribel had the support of her counselor and knew her husband was abusive, leaving him was still a hard decision for her. Maribel's situation helps to illustrate that being in an abusive relationship is never easy and leaving can be just as difficult, especially when one does not have the support of those around her.

Maribel

En mi infancia yo sentía que era feliz, a pesar que mi madre era dominante y se la pasaba pegándonos y castigándonos por todo, teníamos el apoyo y la comprensión de mi padre y eso creo que me hacia sentir una niña feliz. Todo cambio cuando yo empecé a entender que no era normal, que no era correcto que a una niña de cinco años la tocaran en sus partes intimas. Ahí yo empecé a sufrir pues me sentía culpable, sentía que yo había echo algo malo para que ese hombre, amigo de mis hermanas, se hubiera atrevido a hacerlo conmigo. Aparte de eso, un par de veces el cuñado de mi hermana me metió a un cuarto y me beso repetidas veces, por esto también me sentía mal, me sentía culpable pues me había gustado y no lo podía entender.

El tiempo paso así y cuando yo cumplí once años nos venimos a los Estados Unidos y aquí volví a ver al cuñado de mi hermana. El me empezó a buscar y empezó a enamorarme, me dijo que él me quería desde que yo era una niñita. Recuerdo que me regalaba cosas y eso me agradaba pues nadie antes me había regalado algo. En una ocasión mi papá le lo vio cerca de mí y rápidamente le habló a la policía, mi papá sabía que él quería ser mi novio y para mi padre este hombre era un pervertido pues yo apenas entraba a la adolescencia y él tenía ya 21 años. Este hombre no se dio por vencido y al par de días me mando decir que si lo quería ver de nuevo me tenía que ir con él, y yo, accedí . . ., yo solo tenia 12 años.

Nunca pensé siquiera por un momento que iba a pasar al irme con él, el tener que cocinar, que atenderlo y sobre todo tener que acostarme con él nunca pasó por mi mente y fue una horrible experiencia cuando irremediablemente lo viví. Al mismo tiempo era mas horrible aun el pensar que me tenía que aguantar pues nadie me había mandado irme con él, había sido mi decisión y no había marcha atrás. Aparte de todo lo que estaba pasando desde los primeros días sus celos vinieron acompañados por gritos y mas tarde por golpes, era de diario que por alguna razón él me abusaba. Si alguien tocaba a la puerta o no, si lo miraba de una manera o de otra era porque ya lo estaba engañando. A los cuatro meses me embarace y mi infierno aumento pues no se si por mi edad o por el abuso pero aborte a mi bebe. A los ocho meses de vivir con él mi madre me mandó buscar y me llevó a la casa con ella.

A pesar de todo lo que había vivido en esos ocho meses, pensaba que mi obligación era estar con él e increíblemente sentía la necesidad de hablarle y a escondidas de mi familia le llame y fue solo para recibir mas insultos de su parte. Recuerdo tan claro que en la dos llamadas se portó muy déspota conmigo, me insultó y me dijo algo que de alguna manera marcó mi vida, me dijo que yo seria una prostituta, una prostituta barata porque desde niña yo había tenido hombre y que ese seria el resultado, la prostitución. Desde ese momento me juré a mí misma que nunca seria lo que él decía y también juré no hablarle mas.

Después de eso yo seguí viviendo con mis padres hasta que conocí al papá de mis hijos, mi esposo por 17 años. Yo tenia ya 16 años cuando lo conocí, yo recuerdo que me seguía por todas partes, me daba toda la atención, se portaba muy bien conmigo y lo mas importante fue que él, él sabia lo que yo había vivido años atrás, de que yo ya no era señorita y a pesar de esto él se quería casar conmigo. Para mi era como un favor que él me estaba haciendo y creo que yo estaba enamorada de su amor por mí y a los 17 años decidí casarme con él.

Desde nuestro primer día de matrimonio me arrepentí pues desde ese primer día salio su verdadero yo, y empezó su abuso. El me celaba todo el tiempo, no me dejaba salir, tener amigas o visitar a mi familia, ni siquiera podía hablar con ellos pues no teníamos teléfono y lo peor de todo, en el primer mes de casados me embarace. Algunas veces pensé en separarme pero la vergüenza de enfrentarme sola y embarazada fue mayor y solo quedo en un pensamiento. Después de tener a mi hijo me esclavice aun mas pues él ni a la tiendo me dejaba ya salir, yo solo cuidaba al bebe pero como el bebe solo dormía y yo para no tener mucho tiempo en las manos decidí tener otro hijo.

La primera vez que realmente intente divorciarme fue porque me di cuenta que me había sido infiel. La misma mujer me dijo que él, mi esposo, la había tomado por la fuerza y la había querido abusar sexualmente, eso fue terrible para mí pues no podía creer que él hubiera sido capaz de hacerme eso. Cuando le dije a mi familia que me quería divorciar por su infidelidad todos me decían que yo estaba loca que como iba a dejar al padre de mis hijo y que, que iba hacer con ellos. Mi hermana me decía que no lo dejara que él me mantenía a mis hijos, que yo estaba bien, que él no me pegaba como su esposo a ella, que yo estaba en la gloria. Mi madre me decía que yo me había casado por la iglesia; que mi marido era mi cruz y que tenía que cargarla, que lo que tenía que hacer era complacerlo en la cama para que no se fuera con otras. Ellos no sabían de sus agresiones físicas hacia mí, de su continuo abuso porque yo nunca les dije y para todos, él era un buen proveedor, un buen padre y un buen esposo. Todos ellos me contrariaban y yo, por miedo a la gente, al que dirán y todo eso, me quedé, me quedé con él y con su infidelidad en mi mente, con esa sensación del sentirme aun mas usada por él.

Los años pasaron y el abuso continuo, yo ya cansada y demás quise tomar de nuevo la decisión de dejarlo. Yo le pedí ayuda a un consejero y él mismo me dijo que yo era libre de irme con mis hijos si quería. El consejero habló con mi esposo y le dijo que yo me quería ir, que debería de aceptar mi decisión pero mi esposo negó que tuviéramos problemas en casa y claro, no aceptó que me fuera. Todo quedo ahí y yo me quede de nuevo. Después de esto me embarace por tercera vez, yo no quería quedar embarazada pero aun así accedía a tener relaciones con él. Cuando supe que estaba embarazada para mí fue como una señal que me decía que quedarme con él era lo mejor. Cuando mis hijos se enteraron estaban felices y él sorpresivamente lo estaba también y una linda luna de miel empezó, él se portóde lo mejor y yo por primera vez estaba contenta.

Desafortunadamente la luna de miel se acabo cuando mi bebe cumplió los siete meses. El empezó a salir con alguien mas y toda su buena conducta hacia mi termino. Yo no sabia que hacer par recuperar esa luna de miel y decidí embarazarme por cuarta vez con el propósito de tener de nuevo esa linda etapa de nuevo pero esta vez no llego. El siguió con sus infidelidades, una tras otra. Yo, pensando en lo bien que vivíamos materialmente y todas las ventajas que tenia junto a mis hijos, incluyendo los viajes, decidí callarme y quedarme.

En una de esos días de abuso escuche a mi hijo mayor decir que se quería matar, en realidad no puse mucha atención hasta que nos llamaron de la su escuela y nos dijeron que necesitábamos consejería familiar. Recuerdo que mi esposo replicó que el del problema era el niño no nosotros y agregó que él no tenia el tiempo para perderlo en consejería familiar. El y yo bien sabíamos que éramos nosotros los que necesitábamos ayuda pero como siempre él se negó. Ese día yo me puse a reflexionar en lo que estaba pasando, en lo que había estado pasando por años, ahí fue cuando me di cuenta que yo estaba educando a mis hijos de la misma manera que me educaron a mi, a gritos y a golpes. En ese momento me di cuenta que ellos, mis hijos se me habían salido de las manos pues no me obedecía y cuando me obedecían lo hacían con gritos y reclamos.

Yo seguí llevando a mi hijo a consejería y la consejera me ayudó a mí también. Ella me enseño otro camino para lidiar con mis hijos y mi relación con ellos cambio para bien. En consejería también me di cuenta que mi vida con mi esposo había sido de violencia, de abuso pero yo me aferraba a ese matrimonio pues eso era todo lo que yo era. La primera vez que hablamos de mí como esposa la consejera me preguntó que si que esperaba de mi relación y yo rápidamente le conteste que quería conquistar a mi marido que me dijera como, como lo podría hacer. Ella se quedo callada y yo, yo sola empecé a planear la conquista.

No se como pasó pero todo lo planeado, todas las sorpresas planeadas me las destrozo él y él creció, creció como el peor ogro a mi alrededor y llegó el día, el día en que para mí era insoportable estar con él. Después de ahí me la pasaba buscando pretextos para estar fuera de la casa, fuera de él sin estar fuera de mi matrimonio. En una ocasión mis hijos y yo salimos con mi hermana y mientras yo convivía con mi hermana en el segundo piso mis hijos se quedaron jugando abajo. Recuerdo tan claro que uno de mis sobrinos subió a decirme que mi hijo de 12 años estaba tirado en el suelo, yo baje corriendo y lo encontré ahí en el suelo. Mi hijo estaba vomitado, orinado y sin sentido. Yo asustada sin saber que hacer solo preguntaba que le habían dado, que le habían dado a mi hijo. Mi sobrina me explicó que él solo había estado tomando alcohol y que de repente se había caído. Después de eso le hable a mi esposo, le explique lo que había pasado y llorando le pedí que viniera por nosotros inmediatamente.

Cuando mi esposo llegó le pedí que lo lleváramos inmediatamente al hospital pero él se negó, me dijo que no fuera ridícula que lo lleváramos a la casa, que con un baño de agua fría y un café bien cargado se le pasaría la borrachera. Yo veía a mi hijo como drogado, como perdido y sin pensarlo mas lo subí al carro y me fui al hospital. Cuando llegamos al hospital le pusieron oxigeno, le hicieron un lavado de estomago y me dijeron que no lo podían tener ahí en su condición y que darían la orden de traslado a otro hospital. Cuando lo estaban trasladando yo le pregunte al paramédico si mi hijo se iría a estar dormido toda la noche y fue ahí cuando molesto, me dijo: "bueno señora, ¿que usted esta ciega o no se esta dando cuenta del problema? Su hijo puede quedar en coma o puede morir en cualquier momento. El grado de alcohol que su hijo trae es muy alto". Dios santo, yo sentí que me quería morir en ese momento. El paramédico solo me miraba, y esa mirada me decía que yo era la culpable de lo que a mi hijo le pasaba.

Afortunadamente mi hijo despertó al siguiente día y él no recordaba nada de lo que había pasado. En el hospital la trabajadora social me hizo muchas preguntas y tal vez el hecho que yo estaba llevando a mi hijo a consejería me dejó en paz pero estoy segura que ellos también me culpaban. El día que mi hijo salio de hospital yo le hable a mi hermana y molesta le pregunte quien le había dado de tomar alcohol a mi hijo y ella molesta también me dijo: "no te hagas tonta, tu hijo toma porque ya no aguanta la situación en tu casa, él le dijo a mi hija que ya no soporta las peleas en tu casa, que él se quiere morir". En ese momento vino a mi mente el día que mi hijo el mayor me había gritado que él se quería ir de la casa que ya no soportaba mas, al mismo tiempo venia a mi mente mi hijo en el hospital y mi deseo de salir corriendo yo también.

Todo fue bien irónico, yo económicamente vivía bien, muy bien y mis hijos tenían todo lo materia que podían querer, yo pensaba que el quedarme en mi matrimonio era un gran beneficio para todos, que era lo correcto y al mismo tiempo era la muerte lenta. Que irónica es la vida y que confuso era todo para mí, aparte de todo eso mi marido me amenazaba con matarme si lo dejaba y no entiendo porque, si él cada oportunidad que tenia me engañaba. Después de ahí en mi mente confusa solo estaba la idea de irme de mi casa, de tomar a mis hijos y salir para siempre de ahí.

Finalmente otra consejera me sacó de mi confusión, poco a poco me explicó algunos conceptos que eran desconocidos para mí. Entendí que su trato no era normal que era netamente abuso, mi mente puso hincapié en el echo que mi esposo nunca me pidió perdón él siempre decía que todo lo que él hacia era mi culpa, que su infidelidad era mi culpa, que las enfermedades venéreas que me había transmitido eran mi culpa, que sus golpes eran mi culpa. Que su sus insultos y sus degradaciones eran mi culpa, y lo triste era que yo siempre terminaba aceptando que estaba bien, que él tenia razón, que era mi culpa.

Poco a poco mi mente se despejo y deje de sentir lo que yo muchas veces pensé que era amor. Me decidí y la última de sus infidelidades la pude ver como la ultima oportunidad para sacarlo definitivamente de mi vida. Cuando lo enfrente no lo pudo negar pues en presencia estaba una de sus amantes. Ese gran día solo le dije que fuera por sus cosas y que lo quería muy lejos de mí, mis hijos.

Para mí y a pesar de todo era bien difícil terminar mi matrimonio pero estaba decidida. Todo era tan difícil, especialmente porque no tenía apoyo, mi madre estaba completamente en contra. Días después de haber tomado la decisión fui a su casa y lo primero que ella me dijo fue: "pues cuando vas a volver con tu marido, deberías de dejarte de tonterías y regresar con él" yo ya dolida, llorando le dije: "mamá, yo me siento sola y sin apoyo, tu que eres mi madre ni siquiera me apoyas, yo no dijo que me aplaudas simplemente te pido que respetes mi decisión y si no lo puedes hacer, si se te es tan difícil no volveré a pisar tu casa porque ya me canse que cada vez que vengo me dices y me dices que tengo que estar bien con mi marido. ¿Cual es tu miedo? que me vuelva una prostituta o dime, ¿cual es tu miedo?" Mi madre desesperada me gritó que yo sabia que a una mujer divorciada no la respetaba y que, que iba hacer con cinco hijos. En ese momento mi hermano que estaba escuchando le dijo a mi mamá que debería de apoyarme que yo sabría porque lo hacia, que solamente yo sabia que había vivido con ese hombre. En ese momento ella me abrazo y me dijo que la perdonara, que ella me apoyaría pues era mi madre. Recuerdo solo sentir un gran sentimiento envuelto con resentimiento, tristeza, y fuerza al mismo tiempo . . . y llore, llore como nunca, como siempre.

Lecciones Aprendidas

Este libro no empezó con un enfoque en abuso sexual infantil (ASN) solo pasó que muchas de las mujeres que se entrevistaron tenia una historia de ASN, lo cual es muy interesante. Maribel tiene una historia de ASN que empezó a una muy temprana edad y continuo hasta los primeros anos de su adolescencia. Como aprendimos en las historias previas, el perpetrador del abuso usualmente es un miembro de la familia o un amigo cercano. En el caso de Maribel era el cuñado de su hermana, quien era de 9 a 10 años mayor que ella.

Abuso Sexual Infantil

De acuerdo con la Academia Americana de Psiquiatría Infantil y Adolescencia [3], estudios proveen poca evidencia de que la raza y circunstancias socioeconómicas sean un factor de riesgo mayor para el abuso sexual infantil. Sin embargo estos estudios enseñan un gran riesgo para niños que han pasado por la indisponibilidad, descuido físico y emocional, conflicto y duros castigos de parte de los padres [4]. Maribel vivió algunos de estos factores en casa, especialmente severos castigos por su mamá

Ahora, la idea de que un hombre de veintidós años pueda decir que esta enamorado de una niña de doce años es enfermiza, por no decir algo peor. Sin decir que este hombre era un predador sexual y un abusador que debió de haber sido tratado como tal desde el principio. A pesar de que el papá de Maribel trató de mantenerlo alejado de su familia, hablando a la policía, este hombre estaba determinado a hacer lo que quería con Maribel. Para hacer las cosas peores, en ese entonces la familia de Maribel recién llegaba a este país y no estaban familiarizados con la ley referente a una niña de doce años de edad yéndose de su casa con un hombre. Muchas veces las familias inmigrantes no pueden abogar por sus niños adecuadamente porque no saber las leyes, sus derechos y tal vez sin saber hablar Ingles.

Aun que Maribel escogió irse con este hombre, el hecho es de que ella tenía solo doce años de edad. ¿Que sabe una niña de doce años las consecuencias de vivir con un hombre de veintidós años? ¿Que decisiones es capas de hacer una niña en su vida? Ella expuso claramente que no tenia ni idea lo que significaba vivir con este hombre. Es claro que él la incito a irse con él comprándole cosas que ella misma aceptó que la hacían sentir especial. No importan las razones por las cuales Maribel se fue con el, el hecho es que ella tenia doce, el tenia veintidós, él tuvo relaciones sexuales con ella y esto es considerado abuso sexual infantil en Estado Unidos. Abuso Sexual Infantil es penetración sexual con una persona (niña o niño) que no tiene aun la edad de consentimiento a pesar de que las dos partes participen voluntariamente. (Para mas información de que significa ASI y sus efectos, visite The America Human Society a http://www.americahumansociety.org/)

Todavía aun, Maribel pago un alto precio por *"su"* decisión. Ella sentía que por que ella escogió irse con ese hombre no tenia otra opción más que quedarse en la relación abusiva. Es importante recordar que ella no vio su conducta como algo anormal o el abuso como erróneo. Aun que ella le temía, sentía que ella hizo su cama y tenia que dormir con él, sin el que si ó los peros. Para hacer las cosas peores, ella se embarazó muy joven y como muchas niñas mamás, el cuerpo de Maribel probablemente era demasiado inmaduro y frágil para cargar su embarazo hasta su término completo. De igual manera, el abuso y el estrés fuero probablemente, factor que contribuyeron a su aborto involuntario.

Virginidad

A pesar de que sacaron a Maribel de la situación abusiva, ella se sintió responsable y avergonzada por haber perdido su virginidad. Esto se ve claro cuando ella habla de la reacción de su esposo sobre su pasado, *"Lo mas importante es que él supo lo que me pasó, que ya no era virgen, y a pesar de eso se quiso casar conmigo. Yo sentí que me estaba haciendo un favor"*. Aquí, uno puede ver como Maribel, una mujer Latina, se valora en base a su virginidad. Seguramente que estos sentimientos no llegaron de la nada. Hubo mensajes obvios que ella escuchó y recibió de su medio ambiente, su familia, amigos y su comunidad —el valor de una mujer es basado en su castidad.

Poder ver como la vergüenza juega un papel en las decisiones que Maribel toma. Por ejemplo, cuando estaba embarazada de su primer bebe, pensó seriamente en dejar a su esposo pero le avergonzaba estar embarazada y sola, lo que para ella era peor que el abuso. Ella opto por no irse. El estigma de estar embarazada y sola, estar soltera y embarazada es tan fuerte en la comunidad Latina que Maribel lo percibía peor que el abuso que estaba soportando.

La influencia de la cultura y religión

La verdad es que muchas, no todas, pero muchas mujeres Latinas esperan casarse y mantenerse casadas sin importar que. Para entender esto, tenemos que entender que hay fundaciones culturales y tradiciones importantes sobre el matrimonio. Un experto explica que "... *la mujer se casa y tiene niños y muchas lo hacen en su adolescencia. La Iglesia Católica reesfuerza esto, donde el matrimonio y el procrear niños es considerado como parte del plan de Dios para los seres humanos. El matrimonio es vital para formar un hogar y el procrear y criar niños fue considerado el máximo complemento de la vida de la mujer en este mundo*" [5]. Vemos un ejemplo de esta influencia de tradición e iglesia cuando la mamá de Maribel le dice que ella no puede dejar a su infiel esposo porque, "... *Me case por la iglesia y mi esposo es la cruz que debo cargar*" Por lo tanto en la familia de Maribel y su cultura, dejar al esposo por cualquier razón, no es una opción. Ser una mujer divorciada, una madre soltera es inaceptable por muchos en la comunidad Latina. Madres solteras y/o divorciadas son criticadas por la comunidad y algunas veces excluidas. Entonces, para algunas mujeres es mejor, sin importar como este la situación en sus casas, permanecer casadas para ser respetadas por la comunidad, para mantener las tradiciones y las expectativas de la cultura.

Lo que animo a Maribel a dejar a su esposo fue cuando descubrió se dio cuenta que su esposo "forzó" a una mujer a tener sexo con él. En otras palabras se sintió terrible porque, *"No pude creer que él fuera capaz de hacerme esto a mi"* Es interesante como ella no menciona las acusaciones que hace la mujeres de su esposo de *forzarla* o en otras palabras, de violarla. En todo caso, ella quería dejar a su esposo pero fue confrontada por la resistencia de su familia, primordialmente por su mamá que dijo que ella estaba casada y por lo tanto tenia que soportar su sufrimiento, "es tu cruz" "es tu cruz para cargar"

"Es tu cruz" es una frase muy escuchada en muchos hogares Latinos. "La cruz" se refiere a la carga de uno. Como resultado, una Latina debe de soportar todo el sufrimiento. Esta imagen del sufrimiento, es una forma de comprobar que uno como mujer vale la pena, una buena mujer. Aparte de aconsejarle a Maribel soportar su sufrimiento, ella le aconsejó como se enfocara en como evitar que su esposo le fuera infiel. Ella dijo, *"lo que tenia que hacer era tratar de complacerlo en la cama para que no anduviera durmiendo con otras mujeres"* Esta parte del consejo claramente puso la responsabilidad de la relación en los hombros de Maribel. Su mamá obviamente no vio nada malo en al conducta de su yerno pero si la inhabilidad de su hija de complacer a su esposo.

Los efectos de la VD en los niños

Ahora, el abuso no solo afecto a Maribel sino a sus niños también, que es lo que pasa frecuentemente en hogares donde hay abuso. Estudios han mostrado que los niños que han sido expuestos a la violencia domestica son afectados en diferentes formas. Sin embargo para saber cuanto el niño/a ha sido afectado/a por la violencia domestica muchos factores tiene que tomarse en consideración, como la edad de el/la niño/a cuando ocurrió la violencia domestica, la severidad de la violencia y la recurrencia. Expertos están de acuerdo en que los niños que son testigos de violencia domestica tiene mas probabilidad de vivir problemas emocionales y de conducta que niños que no han sido testigos de violencia domestica [6]. El uso de sustancias adictivas y pensamientos de suicidio son otros efectos que se encuentran en los niños/as de violencia domestica. El hijo de Maribel pasó por depresión y desesperanza, y tenia historial de tomar alcohol. El también expresó un deseo de morir, lo cual fue ignorado hasta que la escuela notifico a sus padres de la situación.

Puede ser que algunos niños/as que son testigos de violencia domestica expresen sus sentimientos siendo muy agresivos/as con sus hermanos, mascotas y hasta con sus mamás, mientras que otros niños/as pueden llegar a ser muy callados/as, tímidos/as o relajados. No hay una sola forma en que los niños/as que hayan sido testigos de violencia domestica actúen, sin embargo, es por seguro que la violencia domestica tendrá un efecto aun que sea un niño/a, adolescente, o un adulto. En realidad, el grado de los efectos nunca se sabrá.

A pesar de que Maribel era una buena madre y solo quería lo mejor para sus hijos y sentía que el quedarse con el padre de sus hijos era lo mejor para ellos, en realidad los estaba perjudicando. Muchas madres, sobrevivientes de violencia domestica están tan envueltas en el abuso que sus hijos, a los que ellas solo quieren proteger, son los que la mayoría de las veces sufren mas. Afortunadamente, el hijo de Maribel tuvo suerte que su escuela fue atenta y proactiva y sugirió consejería para él, lo le después le ayudo a ella.

A pesar de que Maribel tenía el apoyo de su consejera y supo que su esposo era abusivo dejarlo era aun una difícil decisión para ella. La situación de Maribel ayudo a ilustrar que estar en una relación abusiva nunca es fácil y dejar una puede ser igual de difícil, especialmente cuando no tienes el apoyo de los que te rodean.

Carmen

As a child, I knew two lives. I was an only child with a loving father who was supportive and believed in me, but my mother was totally the opposite. She believed, like many Latin American parents and other parents around the world, that in order to raise a child right, one must use physical punishment. You show your love for your child by using discipline. She disciplined me hard and never showed me any love or affection. The abuse was traumatic and caused me to have a grudge, or maybe hatred, toward her. In addition to the harsh discipline and her indifference, my mother demanded I succeed in life and be an expert in something. She wanted this desperately since she didn't have the opportunity to do it herself. She was poor, from the countryside, and had been raised by very abusive brothers.

To accomplish her goal, my mother made sure to send me to the best schools. Year after year, she planned everything out for me, even how I spent my free time; I wasn't allowed to relax like other girls my age. Academically, I had to learn; I couldn't waste time. Although I did everything she asked of me, I could never please her. I spent my whole life trying to be accepted by her, trying to find a way to win her love; I never accomplished it.

I realize today, her abuse played a significant role in my life, even in my first relationship. When I was aged seventeen, my first boyfriend, whom I dated for three years, was a possessive, jealous man. I remember the first time he hit. He slapped me and demanded an explanation for something that never happened. Ironically, thanks to my mother she split us up, but she never knew about the abuse.

Much later, I met the man who would later be the father of my daughters. We dated for seven years and were married for another seven. He was an easygoing guy who came from a broken home; his parents were divorced. His father was an abuser who abandoned his wife and ten children. Our courtship was fine, within norms, but he was violent. But because of my beliefs, I was convinced a decent woman should not have too many boyfriends, so I opted not to say anything about the abuse and married him. Once we were married, once he had total control over me, I saw his true colors, as well as his macho attitude and beliefs.

Later, my husband left me for another woman, my cousin. She was my mother's niece, someone whom my mother adored and had a very close, affectionate relationship with. My family, including my mother, did not believe my husband and cousin were having an affair. My husband and cousin said it was a lie, and everyone believed them. My mother, who lived with me at that time, decided to move in with my cousin. Sadly, I remember on one occasion when my mother said to me, "If you continue tarnishing the reputation of my niece, who is only a child, I will burn you and your father . . . I'll burn you both alive!" That's how much she loved her niece. She did not love me, her daughter. My mother's loyalty existed only for my cousin. It just confirmed once more that she did not love me; the truth was my own mother did not love me at all. Several times I doubted that she was really my mother, but the thought of it was too painful. I was in denial and justified her behavior in one way or another.

Sooner or later, the truth came out. On one of the many occasions my ex-husband and I were arguing and my parents were present, my father, as always, was defending me. My husband asked my father why he was defending me if I was nothing but the daughter of a prostitute. I couldn't believe my ears. I immediately looked at my father, and he confirmed it. It was true; she was not my mother! My father had had me with another woman, who had later given me away to my parents. My father's wife raised me and gave me everything, except her love. Today, I understand and ask myself how she must have felt raising the child conceived from her husband's infidelity—the daughter of another woman. If that would have been me, perhaps I would have killed him. I would not have been able to accept the child or even be capable of loving her as my daughter. Today, I understand her perfectly.

Soon afterward, my father ended up living with me. At that time, I had a grand house, owned property, and went on vacations, but later, I had nothing, nothing—everything was lost, even our jobs. My daughters, my father, and I only had each other. Socially, I was known as the adulteress. Everyone believed the story, except for my father's family, who knew about my husband's affair. After the ordeal, I announced, "I'm leaving, I'm leaving for Indiana." I arrived in Indiana leaving everything behind, thinking I could start a new life, a different life, but I was wrong. The string of bad luck that started in my homeland somehow followed me all the way to Indiana.

I arrived with my daughters, who at that time were four and seven years old. We stayed for a while with a cousin of mine who already lived in Indiana and later rented an apartment in Hammond. I enrolled my daughters in school, and thus began our lives living within very limited means, but nevertheless, we were together.

Seven months after having arrived, in October of 1997, I met a man who would later be the father of my third child. When I first met him, I thought he was very pleasant and very attractive. He was from South Asia; he was Pakistani. He was also attracted to me and got along with my daughters. He would help them with their homework and played with them; he was very nice. He told me he lived with his mother in a government-owned home, and if word got out that he was living there, they would immediately be kicked out. He also told me he was divorced and had two sons and showed me his callused hands and claimed he worked in a construction company.

At first, I only wanted to be friends, but his charisma and his constant attention toward me and my daughters won me over, and the relationship developed into something more. He knew everything about me, but he made sure I didn't know too much about him. A month after we met, he came over to my apartment and announced, "You know what? I came to discuss something with you. You and I are going to get married, and we are going to have more children. From this moment on, we are going to be together, we don't have any reason to wait any longer. From now on, no one is allowed to enter this apartment. We can't waste too much electricity, and we can't use the telephone too much since things are very expensive here." He said his mother and sisters wanted to meet me, and so I went to meet them; they were very nice. He suggested I quit my job and take care of his mother. He said he would pay me a little more than I was earning at my job. I thought it was a good deal, so I accepted.

I took care of his mother with much affection and respect. I helped his sisters with the housework; everything seemed fine. But one day, a homely-looking woman from Pakistan arrived. She didn't speak English. I later found out she was his fiancée. He said according to his religion, first cousins married, but he wasn't planning to marry her. He planned to send her to New York for a surgery she needed. I left him. But a week later, he sent the girl to New York. I thought, *Well, he was suppose to marry her, but he picked me instead.* Around the same time, his mother died. He called me every day, telling me how he missed his mother, and begged me to come back because the house was much too big, and he said I shouldn't be paying rent elsewhere. By then, he had confessed to me the house belonged to him; he had never been married, and he didn't have any children.

He said as soon as my divorce was finalized, we would get married, but meanwhile, we could live together.

I went back to him not because I really loved him but because I felt he was doing me a favor by wanting me. Besides my financial situation, there was also a need for me to feel loved. I needed the love my mother never gave me. To be with someone was a way for me to show my mother I was able to maintain a relationship. Of course, I realized this much later. It wasn't so easy for me to just move in with him without being married, but I believed one day we would marry. I asked my father, who was living in Guatemala at that time, for his blessings, and within a few days, we were living together.

He was unbelievable. On one occasion, I caught him pouring water in the milk. I asked him what he was doing, and he said, "The milk is very thick, and it can be harmful to your daughters." Things got worse when I was unemployed. He controlled us in every way. He bought the food but only what he wanted to eat, and we ate what he wanted us to eat, and that was final. Almost immediately after moving in together, I got pregnant, and I almost had a miscarriage. He never put me on his insurance plan or took me to a doctor. Once I had to go to the county hospital by myself, bleeding while he stayed home; he didn't care. He only gave me money if I was going for a doctor's visit, only enough for the bus fare to and from the doctor's office. He wouldn't even buy me underclothes. There came a time that all I wanted to do was go somewhere and die; everything seemed so terrible.

When it seemed like I couldn't take it anymore, he would bring me flowers and chocolates and promised everything would change as soon as I had the baby. He said he would help me go to law school and we could earn lots of money. Obviously, he said this so I would calm down. The incredible thing was I believed him—I believed his promises. But on many other occasions, he insulted me, called me stupid and worthless, and said he couldn't understand how I was able to obtain a college degree in my country. "Surely," he said, "they give degrees to any idiot."

In spite of the abuse, in spite of the fact that he treated me like a maid, I tried my best to make him happy. I prepared his tea every morning; the house was always clean, and I washed and pressed all his clothes, but it didn't matter. If I didn't get up to make his tea, he would get upset and insult me. He was the kind of guy who would pick a fight with anyone anywhere. He was always swearing, and that frightened me, and he knew it.

After the baby was born, he lost his job but found another one in Ohio; he traveled home on the weekends. It was incredible the way I felt whether he was or wasn't around. I lived in terror and fear. There were always problems every time he came home. He complained we ate a lot and that the food didn't last or that his favorite shirts weren't ironed—everything! He wouldn't leave money for the week's expenses or money for bus fare for me to take the baby to the doctor. He controlled me in every way.

Time passed; my son was a year old. My father came from Guatemala to live with us, and he paid for my divorce. Once, I asked my partner if we could get married. I felt the best thing was for us was to get married. I told him I could no longer handle the situation, and maybe our problems would be solved once we were married; we might get along better. In a sarcastic tone, he said," Me marry you? Never—and do you know why? Because I am married to my cousin, and if I were to divorce her, she and my uncle would inherit all of my properties." I couldn't believe it! All the hope I had was gone; the connection I insisted I had with him ended—it simply ended. That day I started sleeping in one of the small rooms while he slept in the master bedroom. Afterward, we stopped talking to each other. I lost all respect for him. We would insult one another; the situation became intolerable.

I knew I needed help, and I found it at a Latino organization. Although he didn't hit me, he controlled me financially, emotionally, and mentally. I realized I was in a domestic violence situation, and if I did not leave, the abuse would only escalate. But if I left, I would be homeless and I didn't have many options. My counselor and I developed a safety plan, and she suggested I go to a shelter, but I refused. I couldn't go to a shelter. In my country, shelters were places where impoverished people went, where people had to tie their belongings around their neck so they wouldn't be stolen. Going to a shelter did not seem like an option for me, especially when they said I couldn't bring my father along.

Meanwhile, he threatened to kick my daughters, my father, and me out of the house but said his son would stay. He threatened to take my son away and send him to Pakistan, where his sisters could raise him as their own. He kept telling me over and over again he would take him away from me because he had the power and the money to do it. He threatened to call immigration and have them put me in jail because I was illegally in this country and I had no rights. I was scared. I believed it could really happen. It seemed so possible that on several occasions, I begged him not to do it.

This situation came to an end one Sunday morning. That morning, I knocked on his door and asked him for twenty dollars. Without opening the door, he screamed "No!" from inside and told me to go away and stop bothering him. At that moment, I pushed the door open and entered his room. I told him I needed money to take his son out, and so I took it. He jumped out of bed and grabbed me by the neck. My eldest daughter, who was standing outside the door and knew our escape plan, asked, "Mom, can I call the police now?" I said, "Yes, call them." The police arrived. I explained everything to them; they handcuffed him and took him away . . . in his pajamas. The following day, we went to court. I was very nervous and scared. A court advocate helped me. I requested an order of protection, and they gave me one.

He had an attorney when we returned to court. He denied all the charges, and a trial was scheduled. He was convinced he would win. We went to trial, and although I was crying and upset, I managed to explain about the abuse I experienced. The judge ordered him to pay child support and my moving expenses.

In a short time, I started working. I could tell you that after the separation I was happy and after I regained my independence everything was fine, but I won't. Deep inside, I felt he loved me. I believed the therapy he was mandated to attend would change him. He would come back and ask for my forgiveness; we would reunite and be happy. The rational part of my brain was telling me he, the abuser, was never going to change unless he had lifetime therapy. However, deep inside, the abused woman did not see things rationally.

I went back to him. We would meet at a hotel, have sex, and afterward I felt awful; I felt empty and humiliated. Although I knew he was living with his cousin, his wife, I still saw him once a week, and we went to a hotel. To some people it may seem as if I enjoyed this kind of life, to be mistreated and to be cheated on. Most people will candidly judge you; however, there are people who understand, who know about domestic violence and the process one goes through.

I would ask myself, *After all that has happened why am I still with him? Am I so worthless that I must be with this piece of garbage? Am I worth that little?* It's something you can't explain; it just happens. It is part of the emotional abuse. Many times he would tell me if I didn't sleep with him, he wouldn't give me child support. He threatened me so much I hated him, but at the same time, I thought we could be a family. Shortly afterward, we fought over child support and custody of our son. Child support was established, and I agreed to joint custody because he convinced me to agree to it. I now regret it.

I soon found a good job and continued with my therapy, and the most important thing of all—I gained a better understanding about many events that occurred in my life. I understood my mother and forgave her. I understood that in every one of my relationships, I tried very hard to please my partner because deep down inside I was trying to please my mother. I learned how to look out for those red flags when men tried to get close to me. Above all, I learned and began to remember who I was. I remembered I was an attorney in my homeland. I was a person who fought for women's rights; I was once a great activist! I began to regain my real spirit.

My work improved, and as a result, my self-esteem improved too. A first, I was embarrassed to work in a factory because I had never done it in my life nor did I ever consider doing it; I had a college degree. But I really feel it was all a good experience, including the jobs I had. The work helped me, in one way or another, to get through that point of my life, and it helped me pay the bills. If I had to do it all over again in order to feed my children, I would. With the help from a legal aid organization, I was able to obtain US residency through the Violence Against Women's Act (VAWA).

Two basic things helped me get out of the abusive relationship. The first was my counselor, who supported me until the very end. She listened to me for four consecutive years, helped me understand so many things, and assisted me to make the best choices for my children and me. The second was a friend who did not criticize me but instead gave as much support as possible and was always there for me and my children. Of course, my children's love was important, and it still is important; it is the most important thing in my life.

This has been difficult for my children, but I assure you they are doing well. Currently, my eldest daughter is a leader in her school; she's a model student. My youngest daughter is also doing well. I devoted a lot of time to my daughters, but it is different for my son.

Because I have to work, I don't have as much time to spend with him; however, my father helps him with his homework. They are all very good kids. I am very proud of them and of myself. Although it took me four years to leave the abuse, I did leave.

I want women to know they are not alone, there are many of us who are or who have been in abusive relationships. Like me, they can go on. It does not matter what resources they have or don't have—it is possible. I would like to say to them, with our children's love and their positive energy, we can move forward. And if they don't have children, then remember, we are human beings with rights and we are worthy. I believe as a community we should get involved and help; as women, we should be in solidarity and give each other a helping hand. It helps; I've experienced it.

Lessons Learned

Carmen longed for her mother's love and affection. Carmen said herself that her mother's acceptance was crucial and influenced many of her decisions, especially those pertaining to relationships. Carmen wanted her mother's approval, and she is not alone in her desire. The Latino culture is very family focused; therefore, your parents' and family's acceptance and approval can be quite crucial in how you feel about yourself. Having this acceptance is very important for many Latinas, so it is not surprising how significant it was for Carmen.

Vulnerability Is a factor

When Carmen arrived in the United States, she and her children were alone in this country and very vulnerable. It was quite easy for her abuser to take advantage of the situation. Because Carmen became financially dependent on her partner, it was easy for him to be able to control her, her mobility, and the household money. However, the process was slow, and it may not have been noticeable to anyone, especially to Carmen. It started when he suggested he would pay her to care for his mother. Carmen saw it as a fair offer, so she agreed to give up her job and take care of his mother. But after their first breakup and the mother's death, she was left without a job, without a source of income. She had no other means of support and no close family members. Remember, she did not speak English. Undocumented immigrants cannot receive nonemergency public assistance, and she was not legally in this country, so she couldn't apply for any type of assistance for her or her children. Therefore, she felt she had no other option but him. He had a job, he seemed financially stable, he had a house, and he wanted to marry her. Because of these reasons, Carmen decided it would be better to go back to him. She was desperate and thought this was the best she could do. Besides, she wanted to prove to her mother she could be in a lasting relationship.

Economic, Physical, and Emotional Abuse

When she went back to him, she did not have a job; she and her children lived in his house, and soon after she got pregnant, her dependency on him increased. Once they were living together, he was able to control her; he gave her a limited amount of money for her travels to and from the doctor's office. Since he only gave her enough money for bus fare, she was not able to go anywhere else. In a way, he controlled whom she saw and her whereabouts; he physically controlled her. Not only did he control Carmen but he also controlled the rest of the family. Since he was the breadwinner, he was the one who decided what to buy and what the family ate. Since he complained that Carmen and her children ate too much, they ate less in order to avoid conflict. This is physical and emotional abuse.

The emotional abuse occurred in many ways. He called her names and insulted her intelligence. He promised he would marry her as soon as she divorced her first husband, but he never fulfilled his promise. He consistently threatened to have her deported whenever he got angry with her. This threat frightened Carmen because she did not have the proper documents and felt he was capable of calling the authorities on her. The abuse made her feel confused and unwanted and resulted in her having low self-esteem. He often insulted her only to later bring her flowers and ask for forgiveness. This type of emotional abuse makes it sometimes harder for survivors to understand because there are no physical signs related to the mistreatment. There is only doubt, depression, confusion, and other effects not visible to the eye, which are the effects of emotional abuse.

The Abuse Continues

One might think that because Carmen was able to leave the situation, successfully obtain an order of protection, and have the court mandate child support, this would be the end of her story.

But the abuse continued. Carmen's inability to completely leave her abuser has a lot to do with this hope survivors have about the situation and the abusers. Like many survivors, Carmen had hope that he would change, that he would ask her for forgiveness; somehow he would be cured, and they would reunite and be a family. Many survivors have this wish. When survivors are asked what they want, many will say all they want is for the abuse to stop. As hard as it is to understand, many survivors love and have feelings for their abusers; that emotional tie takes time to diminish. It is a process like everything else.Carmen shares that she felt confused, humiliated, and used and she felt she had no other choice but to give in. During this time, she experienced economic, sexual, and emotional abuse. Carmen needed the money. She hoped he would change; she had feelings for him and thought this was the best she could do. He knew she had feelings for him, and he obviously used this to his advantage.

In addition, he coerced her into having sex with him before he gave her child support money. Unfortunately, this form of sexual and economic abuse happens to many survivors who remain financially dependent on their abusers even after they are out of the relationship. Survivors may leave their abusers, but they oftentimes rely on their ex-partners, the fathers of their children, to provide child support. These women have to make extralegal deals with these men, such as visitation and child-support arrangements. All is fine when ex-husbands or partners act responsibly, but sometimes those deals become underground contracts (outside the courts) made between survivors and their abusers. The women frequently cannot enforce them and are later subjugated by the very men they are trying to leave.[7]

It Happens in All Social and Economic Groups

Contrary to popular belief, domestic violence does not only occur to women who have little formal education. As we know from Carmen's story, she was highly educated, an attorney in her homeland. She was an activist for women and human rights, and she came from a high socioeconomic status. She is a good example of how domestic violence (DV) can happen to anyone. Carmen's situation made it more possible for her to become a victim: her first husband cheated on her with her cousin, her mother never approved of her, she was alone with her children in a new country, and she was very vulnerable. Her abuser seized the opportunity. Fortunately, she was able to break free from his constant emotional and economic abuse.

Counseling and Legal Options

Carmen was able to obtain counseling, which lasted for four consecutive years. She received support from a counselor, who helped her throughout the whole process. It is important for survivors to realize that the process of overcoming the effects of abuse can take some time. Many entertain the false belief that once they are out of the situation, they should put the matter out of their minds. But as we see with Carmen and with many other survivors, getting over the abuse can take many years, while for others it may take no time at all. Every case is unique, and every survivor goes through her own process.Carmen obtained legal advice and was able to take advantage of a very important legal act called the Violence Against Women's Act (VAWA). Congress passed VAWA in 1994 that among other things, it created special routes for certain battered noncitizens to change their immigration status (for more information on VAWA, visit www.womenslaw.org).

Because of VAWA, many immigrant DV survivors that qualify have been able to leave their abusers and legally live and work in the United States. Threats of deportation are very common among Latina immigrant survivors; therefore, having such an option has been instrumental for these women to leave their abusers. Not only has it enabled them to work but also to feel better about themselves and feel empowered.

NUESTRAS HISTORIAS | 61

Carmen's Current Situation

Luckily, Carmen had a good counselor and a friend that gave her the support she needed during a very difficult time. She also had her father and her children, whom she loves very much. She has found work and has returned to working with the community, and in her own way, she advocates for women's rights. Most importantly, she feels much better about herself and is proud of all her accomplishments as a woman, daughter, and mother.

Carmen

Desde pequeña conocí las dos caras de la vida. Yo fui hija única con un padre consentidor, cariñoso, un padre que creía en mi, que en todo me apoyaba y por otro lado con una madre que fue todo lo contrario, ella como muchos padres de Latinoamérica y del mundo pensaba que para educar a un hijo se le tenia que golpear y que entre mas se le golpeaba mas se le quería. Ella me dio una disciplina muy dura sin tener para mi un cariño o una muestra de amor. Ese abuso fue creando un trauma que generó en mi una especie de rencor o resentimiento hacia mi madre. La ruda disciplina y el desamor de mi madre venían acompañados de ese deseo que yo llegara a ser una profesional pues ella, una muchacha provinciana y sin recursos criada por sus hermanas también con mucho abuso físico, no tuvo la oportunidad de serlo.

Por su deseo, mi madre se encargo de mandarme a los mejores colegios y de planear las vacaciones para mí, año tras año donde yo no podía descansar como cualquier otra niña sino seguir aprendiendo académicamente sin perder tiempo. A pesar de hacer todo lo que ella exigía de mí, siento que nunca pude complacerla, creo que me pase la vida tratando de ser aceptada por ella, tratando de encontrar la forma de finalmente ganarme su amor . . . pero nunca lo logre.

Hoy se que el abuso de mi madre fue un factor que influyo muchísimo desde mi primera relación amorosa. A los 17 años mi primer novio de tres años era un hombre posesivo, celoso, recuerdo que su primer golpe fue una cachetada acompañada de reclamos y exigiendo explicaciones de algo que nunca había pasado. Irónicamente, gracias a mi madre, que sin ella saber del abuso físico que yo había recibido de ese hombre, finalmente me separo de él.

Mas adelante conocí al padre de mis hijas, tuvimos un noviazgo de siete años y un matrimonio de otros siete. El aparentemente era un muchacho tranquilo pero venia de unos padres separados, su padre fue un abusador que dejo a su madre con diez hijos y nunca se encargo de ellos. Nuestro noviazgo fue tranquilo dentro de lo que cabe pero si hubo violencia de parte de él. Dentro de mis creencias yo estaba convencida de que una señorita no podía tener muchos novios y opte por callar y finalmente casarme con él. Ya en el matrimonio, cuando él tuvo el completo control de mi se apareció tal y como él era y toda su cultura machista de su provincia, de su vida, la trajo al matrimonio.

El finalmente se fue de la casa porque empezó una relación con mi propia prima, sobrina mayor de mi madre, una sobrina que ella adoraba y con la que tenia una relación muy cercana, a la que le demostraba cariño, lo que nunca hizo con migo. Cuando yo descubrí la relación de mi prima y mi esposo a través de unos familiares y amigos me di cuenta que ellos ya tenían un tiempo engañando a todo mundo y cuando finalmente los descubrí y los desenmascare mi madre y toda su familia me criminaron de mentirosa y de intrigante. Ellos por supuesto dijeron que todo era mentira que yo estaba engañando a mi esposo y que para cubrirlo los estaba culpando a ellos. Ellos inteligentemente armaron este plan donde todos cayeron y se pusieron de su parte.

En ese tiempo mis padres vivían conmigo pues nosotros teníamos una muy buena situación económica y una residencia grandísima donde había sirvientes y mucha comodidad. Pero cuando paso esta situación de adulterio, mi madre, como su mejor defensora decide irse a vivir con su sobrina y en una sola ocasión me busco y recuerdo con dolor que me dijo: "si tu sigues arruinando la reputación de mi sobrina, que es un niña, yo te voy a quemar a ti y a tu padre, yo los voy a quemar vivos", hasta ese punto llegaba el amor por su sobrina y el desamor por mi, por su hija. Esa amenaza de mi madre y esa insistencia en defender a mi sobrina sobre mi, me hicieron confirmar una vez mas de que ella no me quería, que mi propia madre no me quería en realidad. Varias situaciones en mi vida me hicieron pensar que ella no era mi verdadera madre pero esa sola idea me lastimada y siempre la bloqueaba justificándola de alguna manera.

No cabe duda que la verdad siempre sale a la luz y en una de las muchas ocasiones que discutía con mi ex-esposo, mis padres estaban presentes y como siempre mi padre defendiéndome a capa y a espada, en esa ocasión mi ex-esposo gritando le preguntó a mi padre que si por que me defendía si yo venia de una prostituta. Yo no podía creer lo que estaba escuchando e inmediatamente mire a mi padre y él me lo confirmo, efectivamente, ella no era mi verdadera madre. Mi padre me había procreado con otra mujer y me había traído a su matrimonio donde su esposa me crió como su hija dándome todo lo material posible pero no amor. Hoy yo lo entiendo y me pregunto como se habría sentido ella en esa situación, criando a la hija de la infidelidad de su esposo, a la hija de otra mujer. Tal vez yo lo hubiera horcado y no lo hubiera aceptado ó tal vez no hubiera sido capaz de darle el amor de madre tampoco, yo ahora la entiendo perfectamente.

Después de todo esto mi padre se quedo conmigo y después de la gran residencia, de todas las propiedades y los viajes ya no teníamos nada, nada, se había perdido todo, hasta los trabajos, solo mis hijas y mi padre nos teníamos el uno al otro. Socialmente yo era la adultera, todo mundo les creyó a ellos con excepción de los que sabían ya de su romance que era la familia de mi padre. Después de ahí, yo dije: "me voy, me voy a Chicago". Me vine a Chicago dejando todo atrás pensando que empezaría una nueva vida, una vida diferente pero estaba equivocada pues esa racha de sufrimiento que había empezado en mi país de alguna manera me siguió hasta aquí.

Mis hijas, cuatro y siete años de edad, y yo llegamos con uno de los primos que vivían en Chicago, después rentamos un apartamento. Ahí mis hijas entraron a la escuela y empezamos a vivir muy limitadamente . . . pero juntas.

A lo siete meses de haber llegado aquí, exactamente en Octubre de 1997 conocí al papá de mi tercer hijo. Recuerdo que en cuanto lo vi, me pareció agradable, un hombre del medio oeste, Pakistaní, muy atractivo. Creo que desde ese momento yo le ataje a él también pues él con cualquier pretexto empezó a visitarme y a interactuar con mis hijas, les ayudaba a hacer la tarea, jugaba con ellas, él era muy amable con todas. Cuando empezamos a platicar de nosotros me dijo que él vivía con su mamá en una casa de gobierno y que si se enteraban que él estaba viviendo ahí los correrían inmediatamente. Me dijo también que él era divorciado y que tenía dos hijos, y enseñándome sus manos callosas me dijo que trabajaba en una compañía de construcción.

Al principio de la relación no solo quería ser su amiga pero su carisma y atención hacia mí y hacia mis hijas me conquistaron y la relación convirtió en algo mas. Él sabia demasiado de mí pero él se cuidaba para que yo no supiera mucho de él. Un día después de un mes de conocernos él llegó muy decidido y me dijo: "Sabe que, vengo a hablar contigo directamente, tú y yo nos vamos a casar y vamos a tener mas hijos. Desde este momento vamos a estar juntos pues no tenemos porque esperar, desde ahora nadie puede entrar al apartamento, tenemos que cuidar la luz y no se puede usar mucho el teléfono porque aquí es muy caro". Ese mismo día me dijo que su mamá y sus hermanas me querían conocer y fui a conocerlas. Ellas se portaron muy amables conmigo y después de eso él me propuso dejar de trabajar y cuidar a su mamá, él me pagaría un poco más de lo que yo ganaba en mi trabajo. A mí me pareció un buen negocio y acepte.

Empecé a cuidar a su mamá con mucho amor y respeto, les ayudaba a sus hermanas en la casa y todo iba muy bien. Su mamá muere en diciembre, pero en el intervalo aparece una mujer que era de Pakistán, una mujer de aspecto muy desagradable. Ella y las hermanas de él hablaban pakistaní pues ella no hablaba ingles. Yo le pregunté a él quien era ella y me explicó que era su prometida, me dijo que en su religión los primos hermanos se casaban. Me dijo que él había ido a Pakistán para el compromiso donde la había conocido pero que él no se casaría con ella y que la mandaría a Nueva York para que se hiciera operar porque lo necesitaba.

Yo decidí irme de la casa pero al poco tiempo sus hermanas me llamaban pidiéndome que regresara, que me extrañaban. Después de una semana que me salí él había mandado a la muchacha a Nueva York y yo dije: "total, ella era su prometida pero él no se quiere casar con ella y él prefiere estar conmigo". En ese tiempo su madre muere y él me llama todos los días diciéndome que la extrañaba mucho y que por favor regresara con él pues la casa era muy grande y yo no tenía que estar pagando el apartamento. Para ese tiempo él ya me había confesado que la casa era de él, que él nunca había sido casado y nunca había tenido hijos. El decía que hasta que mi divorcio finalizara nos casaríamos pero que podíamos vivir juntos mientras tanto.

Yo regrese con él, tal vez no tanto por que lo amaba en realidad pero para mí era como un favor que él me estaba haciendo en fijarse en mí. Aparte de lo económico era esa necesidad que yo tenia de amor, esa necesidad de cubrir el amor que mi madre nunca me dio. El permanecer en esta relación era para mí también el demostrarle a mi madre que yo podía retener una relación en mi vida, claro eso lo supe después. Para mí no era tan sencillo solamente vivir con él sin casarme pero al mismo tiempo pensaba que al final nosotros nos casaríamos, yo hable con mi padre a Perú, le pedí el permiso y a los pocos días después empezamos a vivir juntos en su casa.

El era increíble. Cunado deje de trabajar todo fue peor, en una ocasión lo encontré en la cocina poniéndole agua a la leche, yo no podía creer lo que el estaba haciendo y cuando le pregunte que estaba haciendo, solo me dijo: "no, es que la leche esta muy espesa y le puede hacer daño a tus hijas".

El empezó a limitarnos en todo, él compraba la comida pero solo lo que él quería, nosotros comíamos solo lo que él quería y ya. Casi inmediatamente que empezamos a vivir juntos me embarace, y casi pierdo el niño, él nunca me puso en su servicio medico o siquiera me llevaba al medico. En una ocasión sangrando me fui sola al County Hospital estando él en la casa, no le importo. Recuerdo que solo me daba exacto para el tren ó para el camión, ida y vuelta, ha, y solo cuando tenia que ir a consulta al doctor. Recuerdo también que yo le pedía que me comprara ropa interior y ni siquiera eso quería hacer. Llego el tiempo que lo único que quería era morir, solo me quería salir a caminar y morir por ahí, era todo tan terrible.

Cuando él me veía en un estado tan alterado, donde ya no podía mas, él se presentaba con flores, con chocolates, diciéndome que todo cambiaria que cuando tuviera el bebé él me apoyaría para que yo estudiara leyes, para que después de eso ganáramos mucho dinero, obviamente él solo me decía eso para que yo me calmara un poco. Lo increíble era que yo le creía, yo creía en sus palabras a pesar de que en varias ocasiones me había insultado, me decía que yo era una estupida, que no servia para nada que él no sabía como yo había obtenido mi titulo universitario en mi país, que seguramente haya se lo regalaban a cualquier idiota.

A pesar de todo ese abuso, a pesar de tenerme como sirvienta yo trataba de hacer lo mejor para complacerlo; todos los días me levantaba a las 5 de la mañana para prepararle el té, el té preparado al medio oeste como a él le gustaba, siempre tenia la casa limpia y toda su ropa arreglada. Ah, pero si no me levantaba a prepararle su té, él empezaba a gritarme miles de cosas insultantes. El era un tipo que se peleaba con todo el mundo, en todas partes él buscaba pleito y siempre estaba hablando malas palabras, eso me intimidaba mucho y él, lo sabía.

Después de que el bebe nació, él pierde el trabajo en Chicago y consigue otro en Indiana, él empezó a viajar cada fin de semana, y era increíble la manera en la que yo me sentía en la casa estando él o no estando yo vivía en el terror, en el miedo. Cuando él venia todo era problema, se quejaba de que nos comíamos toda la comida, de que la comida no alcanzaba la semana, de que su camisa favorita no estaba planchada, de todo. En la semana no me dejaba dinero ni para ir al doctor del bebé, me limitaba demasiado.

Pasó el tiempo, mi papá había venido de Perú a vivir con nosotros y mi niño ya tenia más de un año cuando yo le pedí a él que nos casáramos que ya que él mismo había pagado por mi divorcio, lo mejor era casarnos. Recuerdo que le dije que tal vez si nos casábamos nos llevaríamos bien, que yo ya no aguantaba esa situación y que tal vez nuestros problemas se arreglarían si nos casábamos. El, con todo el cinismo del mundo, me dijo: "yo, casarme yo contigo, no y sabes porque no, porque yo estoy casado con mi prima y si yo me divorcio, mi tío y ella se quedan con todas las propiedades que yo tengo". Yo sentí que el mundo se me caía encima, no lo podía creer, toda la fe que yo seguía teniendo, esa conexión que yo insistía en tener con él, se acabó, simplemente se acabó. Ahí mismo entre a la recamara, tome mis cosas, la cuna de mi hijo y empecé a dormir en un pequeño cuarto de la casa y él se quedo en la recamara. Después de eso nos dejamos de hablar, yo le perdí el respeto por completo, nos insultábamos, la situación ya era inaceptable.

En ese tiempo, supe que necesitaba ayuda, empecé a buscar la y encontré una organización hispana. Aunque él no me pegaba, él me limitaba económicamente y me controlaba emocional y mentalmente. Finalmente, confirme que en realidad estaba en violencia domestica y que seguiría escalando si yo no me salía de esa relación. Sin embargo también confirme que al salirme de la relación, me quedaría sin casa y yo no tenía muchas opciones. Ellas me hablaron de un plan de seguridad, me hablaron de un alberge, pero al escuchar eso yo me rehusé, yo no podía irme a un albergue. En mi país los albergues son esos lugares donde van los indigentes, donde las personas se amarran las cosas en el cuello para que no se las roben. Un albergue no era muy atractivo para mí, especialmente cuando me decían que no podía llevar a mi papá conmigo.

Por otro lado, él me decía que me largara de su casa que me fuera con mis hijas y mi padre pero que su hijo se quedaba con él. Me amenazaba con quitarme a mi hijo y con llevárselo a sus hermanas a Pakistán para que ellas lo criaran como hijo de ellas. Me repetía y me repetía que lo iba hacer, que él tenia dinero y poder, que él hablaría a migración para que me metieran a la cárcel pues yo solo era una ilegal sin derechos. Era tanto mi miedo pues en mi mente era real, yo lo veía tan real que varias veces yo llegue a rogarle, a suplicarle que no lo hiciera.

Esta situación empezó a llegar a su termino un domingo, un domingo por la mañana le toque a su puerta y le pedí 20 dólares, él no me abrió y me grito desde adentro que no, que me fuera y que dejara de molestarlo. En ese momento empuje la puerta con fuerza y finalmente la abrí y entre a su recamara. Le dije que necesitaba el dinero porque quería llevar a su hijo a un lugar de juegos y lo tomé de su cartera. Cuando tomé el dinero, el saltó de la cama, me agarró del cuello y trató de agredirme. Mi hija mayor, que estaba atrás de la puerta y que ya sabia del plan de escape, me dijo: "mamá, ya puedo llamar a la policía", le dije: si hija, llámala. La policía llegó a la casa, les explique todo, lo esposaron y se lo llevaron, se lo llevaron en sus pijamas. El siguiente día fuimos a corte, yo estaba sumamente nerviosa, asustada, ahí la ayudante de corte me ayudo muchísimo, yo pedí una orden de protección y me la dieron.

Cuando regresamos a la corte, el llevo su abogado, negó los cargos y se pidió un juicio. El estaba convencido de que ganaría. Finalmente fuimos a juicio, aunque yo solo lloraba logre explicar punto por punto todo el abuso que recibí de su parte. El juez asignó manutención para mi niño y dinero para mi recolocación de casa.

Al poco tiempo yo empecé a trabajar y te podría decir que después de la separación yo era feliz, que después de mi independencia ya todo estaba bien pero no, yo sentía que muy en el fondo él me quería aún, que la terapia que le habían asignado lo cambiaria, que vendría a pedirme perdón y que regresaríamos para ser felices. Mi mente racional me estaba diciendo que él, el abusador, no iba a cambia al menos que tuviera una terapia de por vida pero mi proceso interno, psicológico de mujer abusada no me dejaba verlo de esa manera racional.

Yo regrese con él, nos íbamos a un hotel, teníamos sexo y después de tener relaciones con él, me sentía peor, me sentía vacía, humillada. En ese tiempo me entere que él había traído a vivir a su casa a su prima hermana, a su esposa, con él, pero aun así, yo salía con él una vez por semana y nos íbamos a un hotel. Para algunas personas eso significaba que a mí me gustaba esa vida, una vida de facilita que disfrutaba el maltrato y la infidelidad, y esas personas te juzgan abiertamente. Por otra parte también hay personas que entienden, que están educadas acerca del abuso domestico y entienden el proceso que uno pasa.

Yo, me preguntaba a mi misma: ¿Como es posible que aun estoy con el después de todo? ¿Valgo tan poca cosa para estar con esta basura? ¿Valgo tan poco? Era algo que ni uno misma se puede explicar pero algo que pasa y que es parte del abuso emocional. Varias veces me dijo que si no estaba con él, no me daría el dinero para el niño, él me chantajeaba tanto que yo a veces lo odiaba y al mimo tiempo pensaba que aun podíamos ser una familia. Al poco tiempo empezamos a pelear por la manutención y la custodia del niño. La manutención quedo clara y yo acepte que tuviéramos custodia compartida, él me convenció, ahora me arrepiento.

Muy pronto, yo encontré un muy buen trabajo, seguí en terapia y lo importante de todo esto es que yo entendí muchas cosas en mi vida. Entendí a mi madre y la perdone, entendí que en cada una de mis relaciones trataba arduamente de complacer a mi pareja porque en el fondo estaba tratando de complacer a mi madre para lograr su aceptación. Aprendí a ver las luces rojas en los hombre que se acercan a mí, pero sobre todo a reconocer quien soy, empecé a recordar quien soy yo, recordé que yo era una abogada en mi país, que era una mujer que luchaba por los derechos de las mujeres, que era una gran activista. Empecé a recuperar mi esencia.

Mi trabajo mejoró y llegó a hacer extraordinario. Mi autoestima empezó a subir a raíz de eso pues para mi había sido humillante el trabajo de obrera en una fabrica pues nunca antes lo había hecho en mi vida, ni siquiera lo había pensado, yo era una universitaria en mi país, yo soy una universitaria. Realmente ahora siento que todo fue una experiencia, incluyendo los trabajos que tuve que de una manera u otra me ayudaron a pasar esta etapa de mi vida, cubrieron mis gastos y si lo tuviera que hacer de nuevo para darles de comer a mis hijos, lo haría. Con la ayuda de una organización legal yo pude obtener mi residencia legal a través de el Acta de Violencia en Contra de la Mujer (VAWA).

Lo que me ayudo a salir de esta relación de abuso, fueron dos cosas básicas; la primera, fue la ayuda de mi comunidad, la trabajadora social que me apoyó hasta el fin, que me escuchó por cuatro años consecutivos, que me ayudó a entender tantas cosas, que me guió para llegar a tomar mejores decisiones para mí y para mis hijos. La segunda, fue una amiga mía que no me critico sino que me apoyó en lo que pudo, que estuvo ahí siempre al pendiente de mí y de mis hijos. Obviamente el amor de mis hijos ha sido muy importante, sigue siendo importante, lo mas importante en mi vida

Para mis hijos fue duro, pero hoy yo puedo decir que están bien, ahora mi hija mayor es líder de su escuela, es un a estudiante modelo y mi hija menor también. En sus primeros años yo les di básicamente todo mi tiempo, con mi hijo ha sido diferente pues no tengo todo el tiempo para él pero mi padre me ayuda muchísimo con su educación. Hoy te puedo decir que estoy orgullosa de ellos y de mí misma también, pues salí, me tardó cuatro años pero finalmente salí de ese abuso.

Quiero que las mujeres sepan que no están solas que somos muchas las que estamos o estuvimos en una relación abusiva, que como yo, todas pueden salir adelante, no importan los medios que tengan o que no tengan, si se puede. Yo quisiera decirles que recuerden que el amor de nuestros hijos es el que nos mueve, ese impulso de energía positiva que nos dan los hijos es el que nos ayuda a salir adelante, que lo recuerden siempre y que si no los tiene, recuerden entonces que somos seres humanos con derechos y con un gran valor. Yo creo que como comunidad nos debemos de involucrar para ayudar, debemos ser solidarias como mujeres y darnos la mano de una u otra manera, eso funciona, yo lo viví.

Lecciones Aprendidas

Carmen espero tanto el amor y el afecto de su mamá. Carmen misma expresó que la aceptación de su mama era crucial e influyente en mucha de sus decisiones, especialmente en sus relaciones amorosas. Carmen quería la aprobación de su mamá y ella no es la única que lo ha deseado así. La cultura Latina se enfoca mucho en la familia por lo tanto, la aprobación y aceptación de los padres puede ser crucial en como uno se siente acerca de uno mismo. Tener esta aceptación es muy importante para muchas Latinas, por lo que no es sorpresa que para Carmen era tan significativo.

Vulnerabilidad es un factor

Cuando Carmen llegó a los Estados Unidos, ella y sus hijas estaban solas y muy vulnerables en este país, por lo tanto fue muy fácil para su abusador tomar ventaja de su situación. Carmen llegó a depender económicamente de su pareja y esto hizo más fácil que él controlara su libertad y lo que se gastaba en casa. Sin embargo, el proceso fue despacio y desapercibido para muchos, especialmente para Carmen. Empezó cuando él sugirió que ella cuidara a su mamá y él le pagaría. Carmen vio esto como una oferta justa y accedió a dejar su trabajo y empezar a cuidar a su mamá, pero después de su primera pelea y de la muerte de la mamá, ella se encontró sin trabajo, sin una fuente de ingreso. Ella no tenía otra fuente de apoyo, familia cercana, no hablaba ingles, no podía aplicar para ninguna ayuda pues no era legal en este país, Carmen sintió que no tenía a nada más, a nadie más, más que a él. El tenía trabajo, parecía estar estable financieramente, tenía una casa y se quería casar con ella. Por todas estas razones Carmen decidió regresar con él. Ella estaba desesperada y pensó que esto era lo mejor que podría hacer, aparte de todo, ella quería demostrarle a su mamá que era capaz de tener una buena relación en su vida.

Abuso económico, físico y emocional

Cuando regresó con él, ella no tenia trabajo, vivieron es su casa y poco después de esto se embarazo . . . su dependencia en él incremento. En cuanto empezaron a vivir juntos, él pudo controlarla; le daba exactamente su pasaje de ida y vuelta a las visitas del doctor, ella no podía irse a ningún otro lado. De alguna manera él controlaba a quien ella veía, y en donde estaba todo el tiempo, físicamente la controlaba. No solamente controlaba a Carmen sino al resto de la familia. Como él era el que traía el pan a la casa, él era el que decidía que clase de comida se compraba y por lo tanto que comía la familia. Como él se quejaba de que Carmen y su familia comían mucho, empezaron a comer menos para evitar su enojo.

El abuso emocional ocurrió en muchas formas, le llamaba con malas palabras y le insultaba su inteligencia. El le prometió que se casaría con ella en cuanto se divorciara pero nunca cumplió su promesa. Constantemente la amenazaba con deportarla, cada vez que él se enojaba con ella, lo hacia. Esta amenaza la asustaba pues ella no tenia los documentos apropiados para esta en este país, y sentía que él era capaz de hacerlo. El abusador la hizo sentir culpable, despreciada, bajándole así su autoestima. Frecuentemente la insultaba solo para traerle flores y pedirle perdón mas tarde. Este tipo de abuso, abuso emocional, es algunas veces difícil de entender para la sobreviviente pues no hay señas físicas que se puedan relacionar con el maltrato. Solo hay dudas, depresión y otros efectos no visibles a los ojos, lo que frecuentemente resulta en abuso emocional.

El abuso continua

Uno pensaría que porque Carmen pudo dejar su situación, pudo obtener una orden de protección y logró que la corte ordenara la manutención de su niño, el abuso continuó. Una de las razones por la cual Carmen no pudo dejar su abusador completamente tiene mucho que ver con la esperanza que las sobrevivientes tienen de la situación y del abusador. Como muchos sobrevivientes, Carmen tenía la esperanza de que él cambiaria, que él le pediría perdón y de alguna manera él se curaría, se juntarían de nuevo y serian una familia. Muchos sobrevivientes tienen este deseo. Cuando se pregunta que es lo que los sobrevivientes quieren, muchas dirían que todo lo que quieren es que el abuso pare. A pesar que es tan difícil entender, mucho sobrevivientes aman y sienten aprecio por sus abusadores; esa separación emocional toma tiempo para terminar. Es un proceso como cualquier otro.

Carmen expresó que se sentía confundida; humillada y usada, y sentía que no podía hacer nada más que ceder. Lo que ella vivió durante ese tiempo fueron formas de abuso económico, sexual y emocional. Carmen necesitaba dinero, ella tenia la esperanza de que él cambiaria, ella aun sentía algo por él y pensó que era lo mejor que ella podría tener. El sabía de sus sentimientos y obviamente uso esto a su favor. Aparte de todo el la cohesionaba ha tener relaciones sexuales antes de darle la manutención económica para su hijo. Desafortunadamente, esta forma de abuso sexual y económico le pasa a muchas sobrevivientes que siguen dependiendo económicamente de sus abusadores aun después de dejarlos. Los sobrevivientes pueden dejar a sus abusadores pero ellas aun cuentan que la ex-parejas, padre de sus hijos les provean la manutención de niños. Estas mujeres tienen que hacer tratos "extra-legales" con el hombre que esta en sus vidas, como visitaciones y arreglos de la manutención de sus hijos. Todo esto esta bien cuando los ex-esposos o parejas son responsables pero algunas veces estos tratos son por debajo de la mesa y las mujeres no puede reforzarlos y los cuales las sujetan a quedarse con el mismo que tratan de dejar [7].

Cruza todos los grupos sociales y económicos

Al contrario de lo que se creé, la violencia domestica no solo la viven los que tiene muy poca educación académica. Como sabemos por la historia de Carmen, ella era una abogada en su país, ella era una activista de los derechos humanos, de los derechos de las mujeres y ella venia de un alto estatus social. Por lo tanto, cualquier persona puede vivir violencia domestica, cualquier persona que este bajo las condiciones adecuadas. El esposo de Carmen la engañó con su propia prima, su mamá nunca la aprobó, ella estaba sola con sus niñas en un país nuevo, estaba muy vulnerable. El abusador aprovechó la oportunidad. Afortunadamente, ella pudo librarse del constante abuso emocional y de las amenazas de deportación.

Consejería y opciones legales

Carmen obtuvo consejería legal y pudo tomar ventaja de una acta legal muy importante llamada VAWA (Acta de Violencia En Contra de la Mujer) Es una ley que el congreso de Estados Unidos pasó en 1994, que aparte de otras cosas, creó una ruta especial a estatus migratorio para ciertas mujeres abusadas sin estatus migratorio (para mas información sobre VAWA, visita www.womenslaw. org). Por VAWA muchos inmigrantes sobrevivientes de violencia domestica han logrado dejar a sus abusadores, vivir y trabajar legalmente en los Estados Unidos. Las amenazas de deportación son muy comunes entre los sobrevivientes inmigrantes Latinas, por lo tanto esta ley ha sido esencial para estas mujeres. No solamente les permite trabajar sino que las hace sentirse mejor con ellas mismas y las fortalece.

Situación actual de Carmen

Por suerte, Carmen tuvo un buen consejero y una gran amiga que le dio su apoyo, apoyo que necesito durante el tiempo más difícil. También tiene a su papá y a sus hijos a quien ama. Ella ha encontrado trabajo, regresó a trabajar en la comunidad y a su manera aboga por los derechos de las mujeres. Lo más importante es que se siente mucho mejor en ella misma, se siente orgullosa de todo sus logros como mujer, como hija y como madre.

Maria

I met him when I was fourteen years old and married him two years later. We had many guests at our wedding. I wore white; it was a big celebration but also a big disappointment. At the end of the festivities, in front of everyone, he hit me for the first time. I felt like an idiot and a failure and believed I was not enough of a woman for him. Four days later, he hit me again, this time because he claimed I did not bleed enough to be a virgin . . . but I had been. Two weeks later, he hit me once more because he said I was not a good cook. Afterward, the beatings were a daily event, and of course, he always had a valid reason for hitting me. As the months went on, the love I had for him turned into fear and terror. Less than a year later, I returned home to my parents. They welcomed me, and they were very supportive. I was pregnant but determined to move forward and take care of myself and help my parents because they were very poor.

Unfortunately, not much later, I met another man. He did not hit me, but he was an extremely jealous person. His accusations and verbal abuse were extreme, so I only stayed with him for four years. Once more, I returned to my parents' home, and again, I was pregnant. I worked and went to school, and it was there that I fell in love with a teacher, a man much older than me. This time, I thought things would be different.

I got involved with him, and within four months we moved in together, and I became pregnant with my third child. Everything was going well; he adopted my two older daughters and provided for us. Financially we were well off, and I felt safe and secure. I saw him like a father figure; for me he was like a god.

About five years after living together, he had an affair; I saw them together. I don't think he was ever aware I knew about his infidelity. After the affair, our relationship changed a lot. I never forgot about it. I forgave him but until this day, I have not forgotten. We had two children together, but I was no longer in love with him. I only remained with him to secure my own interest. In spite of everything, I continued to work hard and go to school.

As time went on, he became aggressive and physically abusive. If I didn't do as he said, he would hit me. His jealousy and suspicion was so extreme he even doubted his children were really his. Sadly, when he beat me, I wasn't the only one who suffered; my children suffered too. I was in denial of what was happening and did nothing to prevent my children from witnessing the abuse.

Everyone in my community knew me as a strong person and as a fighter, as a person that helped the community. I think the thought of having everyone knowing the life I lived at home—the beatings, my unhappiness—kept me from leaving him. Well, that's the life I lived for sixteen long years until we came to the United States. No one from my community lived here, no one here knew me, and most importantly, I found help here—a different kind of help.

The reason we decided to come to the United States was that the economic situation in my country became very difficult. Despite the abuse, we immigrated together. In a short time, we were able to find an apartment, and after a long struggle, we were able to furnish it. The only bad thing was that the beatings continued. Many times I tried to run away from his beatings; I tried to escape his rage. Each beating was worse than the last one.

One time, as I heard him coming toward me and knew he was going to beat me, I immediately went out the window, which faced the alley. I always left that window unlocked in case I needed to escape from the house. Fortunately, as I was walking down the alley, the police saw me. I explained to them that my husband wanted to hit me and I was afraid, so I had to get away. The police told me not to worry; they would handle it. They escorted me to my house, but my husband was not there. He must have seen me talking to the police and left. The police told me to call them if my husband came back.

On several occasions when he would hit me, I would call the police, and the police would come. But they would get frustrated with me, and I now understand why. Every time they came, I would beg them not to take him away. I worried if he were arrested who would pay the rent, the food, and the other household expenses. I knew the police were upset with me. They would ask me why I called if I didn't want him arrested. I understood, but it was complicated for me.

He would ask for forgiveness after he would hit me and would say he loved me. I couldn't understand how someone who said he loved me would do what he did. He would tie me up to get what he wanted from me. It was painful. The abuse not only hurt my body but it also wounded my soul. I felt dead inside; for a long time I felt dead. But one day I found a domestic violence organization that helped me get out of the abuse. I will never forget what they said to me when I first arrived there. I said, "I feel bad. I am sick of having to live my life with an abuser." The counselor looked straight into my face and said, "You are well now because you have realized that you are living a life of domestic violence." I went for counseling and learned how to love and appreciate myself and discovered I deserved something better.

Soon after, it wasn't easy, but I saved money, rented an apartment, slowly started moving my things out, and left him. I left with my children and with a plan. I told my children about my plans to leave, and since that day, we have been moving forward together.

After we left, we talked about the abuse. It was then that I found out that no matter how hard I tried to remain quiet when he raped me, they knew what was happening. They remember his insults, the beatings, the rapes. My son remembers it all. One day he said, "Mom, I remember when my father would drag you to his room." I never imagined he knew about it; at that time he was only six years old. In fact, when I was pregnant with him, on many occasions, my husband had insulted me and thrown things around, and when that happened, my son had tossed around inside me as if he did not have enough room or he was trying to find a way out. It was unbelievable!

After I left the abuse, a friend got me a job at a bar. At first it was hard for me to imagine myself as a barmaid, and I did not understand the difference between the bars here and the ones in my country. I never went to a bar in my homeland because the only women who go there are prostitutes. But in the bars here, you can work hard and earn a good, honest living. I never had to wear a short skirt or drink alcohol in order to work at the bar. I worked hard. I can say that with pride, and no one can say otherwise. Those who knew me respected me. After a while, I left the bar, and now I do a little bit of everything. I sell tamales, and you know what? Many of my customers are the same people that knew me when I was working at the bar. They don't buy my tamales to come and check me out. They come because my tamales are delicious.

I now live in peace. He comes to visit the children, and we talk but only about the children. As always, I am working hard because I have many responsibilities. The youngest child living with me is a niece whom I've adopted. My sister, who was a victim of domestic violence, died while giving birth to her. I believe she died due to domestic violence. Her husband, who wanted a son, somehow forced her to get pregnant; they had already had two daughters. He knew if she got pregnant, her life would be at risk, but she got pregnant anyway. Her doctor advised her to have an abortion because of the hazards, but she said no. When she was seven months pregnant, the doctor advised her to have a caesarian section because of complications with her pregnancy, but again she said no. Although she was also concerned, she wanted to go full term. She went full term, and after five hours in labor, she died— she died after giving birth to her daughter. It was very sad; I don't think it was fair. She was only twenty-eight years old; she was my baby sister.

It's painful for me because immediately after her death, I found out she had been going through abuse. My sister had a diary, and in it she wrote about the abuse. Financially, she was well off; he had never hit her. But the emotional abuse and his affairs were unbearable, and the pressure to have a male child finally killed her. I am now raising her daughter. She's beautiful, and although she knows I am not her biological mother, she knows she is like my daughter.

My sister's death was devastating, as was the death of a friend from my support group. In a way it was different because many times I had offered her my help. I tried to somehow help her feel independent so she could leave the abuse. I remember once she told me, "God forbid my husband or any of his friends should see me selling bags on the streets, that's unimaginable." Many times she called me to ask what she could do about her husband, who had problems. His problem was that he would chase her with a knife; he would hit her for no reason or because she bothered him—or for any reason at all. I always told her to be careful because that man was going to kill her. I advised her to look for help for herself, not him. Somehow she managed to leave him and obtained some help, but he continued to stalk her and promised her he would change. One day, before he killed her, she said to me, "I am so happy because my husband took me and my children out to a restaurant and he was so well behaved with us, especially with me." I simply told her to be careful because animals like him didn't change. She only smiled, and we dropped the subject. To be honest, although she was happy, I was worried about her. He had somehow managed to win her over. The following day, I found out he had killed her that same night. It was terrible. I had told her time and time again he was going to kill her. Even when she lay there dead, I told her, "My friend, I told you so many times . . . you could have done so much." She had been my buddy, a trusted friend.

Unfortunately, she was not the first one who believed in empty promises and died at the hands of her husband, a husband who swore he loved and needed her. She was able to get out, but he persisted until he succeeded in convincing her to return to him. It is so sad, so painful. I felt so much sadness when I first heard the news that he had killed her. I just wanted to run out and scream for her not to go with him, tell her if I was able to get out, so could she! But it was too late. At that moment, I remembered my friend, my companion, one more time. I thought about my sister, and it was at that moment I decided to help women who are living in violence. I want to help them escape, overcome the barriers in their paths; I want to stop the violence. I am determined to leave a light in my path, not a shadow.

I once read if you live in violence, you can die from the pain. I believe it; I believe you can die from the pain. Life has showed me that physically you get worn down and overwhelmed. It also showed me that by working hard one way or another, you can be your own boss. It is better to be alone than to be with an abuser. I learned what I give to others I should get in return.

I would like to say to the women who are living in violence, you can do it; you can leave the abuse. Although people may criticize you for leaving, nothing will happen. Those people don't put food on the table for your children. We deserve to be free, make our own decisions, come and go as we please. Our children don't deserve to live in these situations. Those abusers don't change; they only make promises, but that is no way to live. We can't live just to die. We need to live to live. You can—we all can—hold our heads up high and earn an honest living selling bags, tamales, or snow cones, and most importantly, live free from violence. We are worthy. Get to know yourself; get to know other people. Ask for help. I got help, and until this day, they are still helping me.

Lessons Learned

The Culture

Maria's history of getting involved with abusive partners is not the norm with most survivors, but it does occur. This happens especially if the survivor does have a healthy support system and has never learned what domestic violence (DV) is and what to look out for—the red flags, as they are called (refer to "What is Domestic Violence?")

However, in this particular case, cultural norms and traditions are partially to blame for Maria's vulnerability to abusive relationships. For example, Maria met her first husband when she was fourteen years old and married him when she was sixteen; by all accounts, Maria was a child bride. According to a report by the United Nations Children's Fund (UNICEF) Innocenti Research Centre, early marriage is practiced within the Latin American region, where 11.5 percent of girls between the ages of fifteen and nineteen are married. The impact of early marriage is wide ranging; it denies women their childhood and adolescence, the restriction of personal freedom, the denial their emotional well-being, reproductive rights, and educational opportunity.[8] All these factors make women like Maria vulnerable to abuse and violence.

Fortunately, Maria had what many of the women in this book did not have: the support of her parents. Despite that support, Maria continued to experience violence with her last partner for over sixteen years. Maria's last partner was much older than her. In fact, he was her teacher. Most would consider getting intimately involved with a student as being unethical, which it was. Maria mentions how he adopted her two children, the children from her previous relationships. This is very significant. For men, for most Latino men, to adopt children from previous relationships is very unusual. This is not to mean that it does not happen and that Latino men cannot be good, loving stepfathers, it just means it is rare and worth mentioning. Therefore, one has to understand how significant this was for Maria and how this may have influenced her decision to stay with him. As mentioned before, *el que diran* (what will people say) carries a lot of weight within the Latino culture, and it was obviously influential in Maria's decision-making process.

She stated that she was involved in her community; she was respected and well known for being a fighter. Therefore, how could she allow people to know she was a victim of abuse? *El que diren* kept her in that abusive relationship for over fifteen years. What probably helped in her decision to leave was the fact that no one in the United States knew anything about her; no one in her community would know.

Financial Dependency

Financial dependence on the abuser, such as in Maria's situation is probably one of the top five reasons many survivors cannot leave their abusers, especially if there are children involved. Because Maria was financially dependent on her partner, she worried that if he was arrested and jailed, it could have resulted in him losing time off from work or, even worse, losing his job. Therefore, if he was arrested, the bills would not be paid. Many survivors have shared this same worry and attribute the fear as a reason for not having their abusers arrested.

In cases when the abusers are undocumented, the women worry the abusers will be deported and they will be completely left alone to provide for their children all alone in a foreign country. This may sound like the solution, but it must be understood that when a person has been isolated, is dependent on one person, has no money or assets in her name, and has low self-esteem, it then becomes difficult—not impossible, but difficult—to suddenly become the sole provider and have to make it alone.

After years of abuse, Maria was able to find the kind of support she needed: DV counseling. It was through one-on-one counseling and a DV support group that she was able to understand that she was living in an abusive household and that there was a way out. She created a safety plan for herself (refer to the "Safety Plan" section) and made the necessary arrangements to get away and live somewhere else with her children. Maria wanted to make sure the children understood the situation and was surprised to find out that the children knew more than what she thought; they had known about it all along.

Domestic Violence and Children

Many survivors with children feel they are able to shelter their children from witnessing and experiencing the abuse. This is a myth. Children are very perceptive and can sense when there is stress at the home. Experts believe that in the United States alone, there is anywhere from 3.3 million to 10 million children a year who witness DV. That means 3.3 million to 10 million children are affected by the violence in their homes. The effects can result in behavioral, social, or emotional problems, which mean children can have high levels of aggression, anxiety, withdrawal, or low self-esteem. They might perform poorly in school, have difficulty concentrating, and lack conflict resolution skills. Long-term effects include depression and the use of violence in adult relationships.[4] Ultimately, survivors may think that they are hiding the abuse, but in fact, children are being exposed to a behavior that can seriously impact them as children and when they are adults.

Although Maria had a respectable job working at a bar, she still felt very uncomfortable about working there. It is imperative to comprehend that in some Latin American countries, only "bad" women worked in bars. In fact, being called a *cantinera* (barmaid) is oftentimes used as an insult. Therefore, one can understand Maria's insistence that all she did at the bar was work; she did honest work. Maintaining her good reputation and making it clear what her job involved was very crucial for her. Many times survivors are offered jobs but do not take them. They are often criticized and called ungrateful by those who are trying to help, but as in Maria's case, there are certain jobs that are culturally not acceptable, such as being a barmaid.

Maria's Current Situation

Because Maria had experienced the death of two very important women in her life due to DV, she made a conscious decision to become an advocate. She knew that DV could be fatal and that she was fortunate enough to get out of the relationship while others were not. Therefore, she tried to help as many women as possible in her own way.

Maria eventually made her living making and selling tamales. She wakes up at 3:30 every morning and is out on her usual spot selling her tamales by 5:30 a.m. She has regular customers who know and respect her and love her tamales. With her earnings, she supports her children and her mother. She uses her knowledge about DV and her contact with the public to do advocacy work while she sells her tamales. She is officially trained in DV and is certified. She advises women on what to do and where to go for help; she has assisted survivors in understanding the laws and their rights. Maria became that light she so wanted to become; she is a light for all of us.

Maria

Lo conocí a los 14 años y dos años mas tarde nos casamos. Yo salí de blanco de mi casa, tuve muchos invitados, mi boda fue una gran celebración pero también una gran desilusión. Al final de la boda enfrente de todos él me pegó por primera vez, fue ahí que empecé a sentirme tonta, fracasada y pensé que no era lo suficiente mujer para él. Al cuarto día me pegó de nuevo, según él yo no era virgen pues no sangre lo suficiente pero yo era virgen, si era virgen. Al quinto día, los golpes se repitieron, esta vez era porque según él, yo no sabia cocinar. Después de ahí los golpes eran el pan de cada día, claro él siempre tenia una razón valida. Con los meses el amor con el que me había casado se convirtió en temor, yo le tenia horror. En menos de un año me regrese con mis padres, ellos me recibieron, me apoyaron y yo viendo la necesidad en casa decidí ayudar lo más que pude, salir adelante y responder por mi propia responsabilidad, estaba embarazada.

Desafortunadamente al poco tiempo conocí a otro hombre. El no me pegaba pero era extremadamente celoso. Su acoso, su abuso verbal era exagerado y solo aguante cuatro años con él. Regrese a casa de mis padres y de nuevo regrese embarazada, era mi segunda hija. Esta vez también seguí adelante, trabajando y asistiendo a la escuela. Precisamente en la escuela me enamore de un maestro, era un señor mucho mayor que yo y pensando que esta vez seria diferente. Empezamos una relación, en cuanto nos juntamos me embaracé, tuve una niña, mi tercera hija. En ese tiempo él les dio su apellido a mis dos hijas mayores, todo iba muy bien, él era un gran proveedor, económicamente estaba perfecto, me sentía protegida, yo lo veía como a un padre . . ., él era como un Dios para mí.

Más o menos después de cinco años de vivir juntos, me engaño con otra mujer, yo los vi. Creo que él nunca lo supo, nunca supo ciertamente que yo sabia de su relación con la otra mujer. Después del engaño nuestra relación cambio mucho, yo no olvide, lo perdone pero hasta hoy no lo he olvidado. Tuvimos dos hijos más pero yo ya no sentía amor. En ese tiempo yo trabaje mas duro porque no importaba que pasaba en mi vida, yo siempre seguí superando me; estudiando y trabajando.

Entre mas pasaba el tiempo él se volvía mas agresivo y golpeador. Si yo no hacia lo que él quería me golpeaba, su inseguridad hacia mí era demasiada, dudaba de mí hasta el extremos de pensar que sus hijos no eran de él sino de otro. Cuando me golpeaba, no solamente yo sufría sino mis hijos también, yo me lo negaba a mi misma y no hacia nada por evitarles lo que vivían casi a diario. Yo era muy conocida en el lugar donde vivíamos, todos lo que me conocían, me conocían como una persona fuerte, "luchona", una persona que le gustaba ayudar y que podía ayudar a la comunidad y el tan solo hecho de pensar que supieran la vida que yo llevaba en mi casa que se dieran cuenta de que en mi casa me maltrataban, me golpeaban y era muy infeliz, me detenía y por eso, solo por eso desistía de irme. Pues así, así vivimos mucho tiempo, 16 largos años hasta que nos vinimos para acá, y como acá no estaba mi comunidad, nadie me conocía y yo creo que lo mas importante es que acá encontré algo muy importante . . ., apoyo, un apoyo diferente.

La razón por la que decidimos venir a Estados Unidos fue porque la economía en nuestro país se puso muy difícil. A pesar de la vida de golpes y abuso que él me daba nos vinimos juntos, al poco tiempo pudimos rentar un apartamento y yo me sentí muy bien porque después de tanto esfuerzo logramos tener un apartamento y los muebles necesarios para vivir. Lo único que aun me hacia sentir mal eran los golpes que no pararon porque el maltrato siguió.

Muchas vece me encontré corriendo, huyendo de su furia porque sabía que los golpes que estaba más que dispuesto a darme serian peor que la vez anterior.

En una ocasión estaba sola y escuché sus pasos hacia mi recamara, sabia que venia a golpearme y yo inmediatamente me salí por la ventana que daba al callejón. Esa ventana siempre la tenía preparada para poder abrirla en cuanto necesitara. Afortunadamente, en cuanto empecé a caminar por el callejón la policía me encontró y aunque pensaron que era prostituta pues me salí en mis pantalones cortos y una camisita de dormir, cuando les explique que mi marido me quería golpear, que tenia miedo y que me había tenido que escapar por la ventana, la policía me dijo que no me preocupará que ellos lo arreglarían. Ellos me acompañaron a mi casa pero él ya no estaba ahí, ya se había ido, de laguna manera vio que yo estaba hablando con la policía y huyo. La policía muy amablemente me dijo que si él regresaba les llamara que ellos estarían cerca.

Varias veces yo llamé a la policía por sus golpizas, porque eran buenas golpizas, y si, la policía venia pero ellos se cansaban y ahora lo entiendo cada vez que venían yo les pedía que no se lo llevaran porque me ponía a pensar que si se lo llevaban y faltaba al trabajo lo podían correr y que iba ha pasar con la renta, la comida, los gastos. Yo entendí que por eso la policía se molestaba, por eso renegando preguntaban que para que les llamaba si no quería que los arrestaran. Yo lo entendía, pero era difícil para mí.

Después de cada golpiza que me él me daba me pedía perdón, me decía que me quería que me amaba, yo no entendía como era posible que una persona que decía quererme tanto me hacia todo lo que me hacía. El me amarraba para obtener lo que quería, yo sentía dolor no solo dolor de cuerpo sino dolor del alma, sentía morirme por dentro. Por mucho tiempo sentía que estaba muerta en vida pero un buen día por cosas de la misma vida encontré una organización donde tenían un programa de violencia domestica que me iluminó el camino para salir del abuso. Cuando llegue ahí, nunca me voy ha olvidar de las palabras que me dijeron, creo que marcaron mi vida para una mejor vida. Recuerdo que cuando entre ahí, lo primero que dije fue: *"yo me siento muy mal, estoy enferma por la vida que he llevado porque yo vivo con un abusador"*. Esta persona me miró a los ojos y me dijo: *"ya te aliviaste, ya estas curada, porque ya te has dado cuenta que estas en abuso domestico"* Yo empecé mi consejería y ahí aprendí a quererme, a valorarme y darme cuenta que yo merecía algo mejor.

Poco después, y poco a poquito me fui llevando todas mis cosas a un apartamento que con mucho esfuerzo pude rentar con mis ahorros y me fui, lo dejé, me fui con mis hijos, con mi nueva vida planeada. Compartí con mis hijos mis planes y juntos hasta hoy estamos saliendo adelante.

Después de eso compartimos también los sentimientos de cada uno y ahí me di cuenta que a pesar de que yo traté de ocultar el abuso en frente de ellos, a pesar que yo me tragaba el dolor que me ocasionaban sus violaciones para que ellos no escucharan, ellos se dieron cuenta. Ellos recuerdan los insultos, las degradaciones, los golpes, las violaciones. Mi hijo, lo recuerdo con tanto dolor, un día me dijo: *"mamá, yo me acuerdo cuando mi papá te arrastraba a su cuarto"* Nunca pensé que era así, el tendría en ese tiempo como seis añitos. Yo juraba que ellos no sabían todo lo que sabían. Precisamente cuando estaba embarazada de mi hijo en varias ocasiones mi esposo llego insultando y aventando todo a su paso, y cada vez que pasaba eso mi hijo se movía por toda la panza como si no fuera suficiente el espacio y estuviera buscando la salida. Era increíble.

Ya cuando yo estaba fuera del abuso, una amiga me consiguió trabajo en un "bar". Al principio me fue difícil ver la diferencia de un "bar" aquí y una cantina en mi país, o aceptar ser una mesera. Yo nunca estuve en una cantina en mi país porque haya solo las que se prostituyen entran ahí, según mis valores, pero aquí un "bar" es para trabajar duro haciendo un trabajo decente. Yo nunca tuve que usar falda corta o tomar alcohol para poder trabajar en el "bar", yo solo trabaje muy duro, muy honestamente. Hoy lo puedo decir con la frente muy en alto, nadie puede decir nada malo de mi, todo la gente que me conoce me respeta. Después de un tiempo me salí de trabajar, ahora hago de todo, vendo tamales, y ¿sabe que?, muchos de mis clientes son las personas que me conocieron en el "bar" y ellos no van a comprar tamales para verme a mi pues ni siquiera me parezco, ellos van porque mis tamales son muy ricos.

Ahora, que vivo tan en paz en mi casa, él viene a ver a mis hijos y hablamos pero solo de ellos de nuestros hijos. Yo estoy trabajando muy duro como siempre lo he hecho pues tengo aun grandes responsabilidades en mi casa, la niña mas chica de mi casa es mi sobrina a la que adopte. Mi hermana, quien fue victima de violencia domestica se murió dando a luz. Yo digo que murió de violencia domestica porque de alguna manera su esposo la obligó a embarazarse para haber si salía hombrecito pues ya tenían dos niñas, sabiendo él que su vida corría peligro si se embarazaba de nuevo. Cuando se embarazó el doctor le dio la opción de abortar por el alto riesgo que su vida corría pero ella completamente convencida le respondió que no. Cuando ella tenia siete meses el doctor le sugirió hacer una cesaría porque se estaba complicando demasiado su embarazo y de nuevo dijo que no, que tenia miedo pero que esperaría a su parto. Ella espero su parto y después de cinco horas de intervención . . . murió, murió ahí después de dar a luz . . . Es duro, es muy triste, no es justo creo yo, su muerte no era justo . . ., ella solo tenia 28 años, era mi hermanita.

A mí me duele aun mas, me duele tanto y tanto mas porque cuando ella murió me di cuenta que efectivamente ella estaba en violencia. Mi hermana escribió un diario y ahí, ahí escribió el abuso que ella pasó, él nunca le pegó y vivía muy bien económicamente pero el abuso emocional fue fuerte, el engaño, la infidelidad y la presión por el varón la mató. Ahora yo tengo a su niña, ella es hermosa yo la estoy criando y aunque ella sabe que yo no soy la madre biológica, sabe que ella para mí es mi hija.

La muerte de mi hermana por violencia fue demasiado para mi pero no hace mucho tiempo la muerte de una de mis compañeras de grupo también fue mucho. Aunque de alguna manera fue diferente porque a mi compañera, mi amiga, muchas veces le sugerí, le propuse ayudarla a hacer algo para que se sintiera en alguna forma independiente para que pudiera dejar ese abuso en el que ella estaba. Recuerdo tan claro que en un ocasión me dijo: *"no, dios guarde que mi marido o alguien de sus amistades me vea vendiendo bolsas en la calle, ni se imagina"*. En varias ocasiones me llamó para preguntarme que podía hacer por su esposo pues el tenia un problema porque la había correteaba con cuchillos, porque la golpeaba sin razón, porque esta mujer lo acosaba o por tantas otras cosas. Yo siempre le decía que tuviera cuidado porque ese hombre la iba a matar, que pidiera ayuda para ella, no para él. De alguna manera, finalmente ella encontró la ayuda y lo dejó pero él la busco repetidas veces para prometerle un cambio y un día, antes de que la matara me habló, y me dijo: *"Doña, estoy tan contenta porque mi esposo me llevó a un restaurante con mis hijos y se portó muy bien con todos, sobretodo con migo"*. Yo solo le conteste que tuviera cuidado porque los animales no cambian, ella se sonrió y ya, dejamos el tema. En verdad la escuche contenta y temí por ella pues parecía que él ya la había convencido. Al siguiente día me di cuenta que esa noche la había matado. Fue terrible, yo le dije una y otra vez que él la mataría y aun cuando su cuerpo estaba ya sin vida, le repetí lo que tanto le había dicho antes: *"amiga, tanto que te dije y tanto que pudiste haber echo"* Ella fue mi compañera, mi amiga con la que conviví.

Desafortunadamente ella no fue la única que igualmente por creer en las promesas de cambio, murió en manos de su esposo, del hombre que decía amarla y necesitarla. Ella también había salido del abuso, pero él también seguía tratando de convencerla hasta que lo logró. Es tan triste, tan doloroso. Cuando me di cuenta que su esposo la había matado entre en una desesperación, quería salir corriendo, gritarle que no se fuera con él que si yo había salido adelante ella también lo podría hacer, pero no, pues ya era tarde. En ese momento recordé a mi amiga, mi compañera una vez mas, recordé a mi hermana y en ese momento decidí que iba a luchar para ayudar a todas esas mujeres que están en violencia. Quiero ayudarlas a brincar, a rodear o a cargar si es necesario las piedras que el abuso pone en el camino para parar nuestra vida en la violencia. Estoy determinada en dejar una luz en mi camino, no solo una sombra.

Alguna vez leí que si uno vive en violencia uno puede morir de dolor y yo creo que si, que uno puede morir de dolor. Mi vida misma me enseño que físicamente uno se desgasta, se acaba. También me enseñó que trabajando duro aquí y allá uno puede ser dueño de uno misma y es mejor estar sola que mal acompañada, porque aprendí que lo que yo doy merezco recibir.

Yo quisiera decirles a las mujeres que están en violencia que si se puede, que si se puede salir del abuso . . . aunque la gente te critique si te vas . . ., no pasa nada, la sociedad no nos pone la comida en la mesa para nuestros hijos. Nosotros merecemos ser libres, decidir por nosotras mismas, ir y venir cuando nos place. Nuestros hijos no merecen vivir en estas situaciones. Estos abusadores no cambian, solo prometen y así no podemos vivir, no podemos vivir para la muerte. Podemos vivir para la vida, si se puede, podemos trabajar en lo que sea decentemente; vendiendo bolsas, tamales ó raspados con la frente bien en alto y lo mas importante libres de violencia. Nosotros valemos, conócete, conoce otra gente, pide ayuda profesional. A mi me han ayudado y hasta el día de hoy son mí grupo de apoyo.

Lecciones Aprendidas

La cultura

La historia de María de estar repetidamente envuelta en relaciones con abusadores es muy común en sobrevivientes, especialmente si ellas nunca aprendieron que es el abuso y como buscar las señales de alerta, como son llamadas (referirse a la definición de VD). Sin embargo, en este caso particular, las normas culturales y las tradiciones hicieron imposible evitar una relación de abuso para Maria. Por ejemplo, Maria tenía 14 años cuando conoció a su esposo y 16 cuando se casó; ella esta una novia niña. De acuerdo con los expertos matrimonios tempranos es común en la región Latina Americana donde el 11% de las mujeres entre 15 y 19 están casadas. El impacto que ocasionan los matrimonios tempranos es amplio; restringe a la mujer de su niñez y de su adolescencia, la restricción de la libertad personal, la negación de su bienestar emocional, derechos reproductivos y la oportunidad de educación ("Early Marriage")[8]. Todos estos factores hacen a las mujeres como Maria vulnerables al abuso y la violencia. Afortunadamente, Maria tuvo lo que muchas mujeres en este libro no tuvieron . . . el apoyo de sus papas. Este es un buen cambio. A pesar de que Maria tuvo el apoyo de su familia, ella vivo violencia por más de 16 años con su última pareja.

Maria comentó en su historia que su ultima pareja fue mucho mas grande que ella, el realidad el era su maestro. Muchos consideraran que envolverse íntimamente con un estudiante no es ético. Maria menciona como él adopto a su dos hijos, hijos de su relación previa. ¡Esto tiene mucho significado! Para un hombre, hombre Latino, adoptar niños de previas relaciones no es usual. No significa que no pasa, que los hombres Latinos no pueden ser padrastros amorosos lo que significa es que es raro y vale la pena mencionarlo. Por lo tanto, uno tiene que entender que tan importante debió haber sido para Maria y al mismo tiempo como esto debió de haber influido en la decisión de quedarse con él.

Como se menciono antes, "el que dirán" significa mucho en la cultura Latina y obviamente influyo en el proceso de hacer decisiones de Maria. Ella dijo que estaba envuelta en su comunidad; era respetada y muy conocida por ser una luchadora. Por lo tanto, como podría dejar que la gente se enterara de que ella misma era victima de abuso. El que dirán la mantuvo en ese abuso por más de 16 años. Lo que probablemente le ayudó a tomar la decisión de dejar a su abusador fue el hecho de que en los Estados Unidos nadie sabía nada acerca de ella, lo que permitió que hiciera las decisiones necesarias para irse.

Dependencia Financiera

La dependencia económica de Maria en su abusador es probablemente es una de las cinco mas grandes razones por las cuales sobrevivientes como ella no pueden dejar sus abusadores; especialmente si hay niños involucrados. Maria dependía económicamente de su pareja por lo tanto se preocupaba de que los gastos de la casa no se pudieran pagar si lo arrestaban o lo encarcelaban, pues el podría perder horas del trabajo o todavía peor, perder su trabajo. Muchas sobrevivientes comparten esta misma preocupación y atribuyen este miedo a la razón por la cual no mandan arrestar a sus abusadores. En casos donde el abusador es indocumentado, las mujeres se preocupan de que el abusador sea deportado y que ellas se queden solas para proveer por sus niños. Ahora, algunos dirán, que bueno, que lo arresten o que lo deporten, así la dejara en sola.

Sin embargo, tenemos que entender que cuando una persona ha sido aislada, dependiente de otra persona, sin dinero o propiedades en su nombre, baja autoestima, es muy difícil, no imposible pero muy difícil que de pronto tenga que ser la proveedora absoluta y tener que hacerlo sola.

Despues de años de abuso Maria pudo encontrar el apoyo que necesitaba; consejería de violencia domestica. Fue a través de consejería individual y grupos de apoyo que pudo entender que ella estaba en relación abusiva y que había manera de salir. Ella creo un plan de seguridad para ella misma (referirse a VD plan de seguridad) e hizo los arreglos necesarios para salirse y vivir en otro lugar con sus hijos. Maria quería asegurarse de que sus hijos entendieran la dinámica del abuso y sorprendida se dio cuenta que sus hijos sabían mas de lo que ella creía; ellos supieron del abuso todo el tiempo.

VD y niños

Muchas sobrevivientes con niños sienten que pueden proteger a sus hijos de ver o vivir el abuso. Este es un mito. Los niños son muy perceptivos y pueden sentir cuando hay estrés en el hogar. Expertos creen que mas o menso de 3.3 a 10 millones de niños por año, son testigos de VD. Esto significa que más o menos 3.3 a 10 millones de niños son afectados por la violencia en sus casas. Los efectos pueden abarcar desde conducta, problemas emocionales y sociales, lo que significa que el niño puede tener altos niveles de agresividad y ansiedad, recaídas y baja autoestima. Pueden presentar un pobre grado académico, dificultad en concentración, falta de habilidad para resolver conflicto. Los efectos pueden ser de largo tiempo y causar problemas con depresión y usar violencia en relaciones adultas [4]. Por lo tanto, la sobreviviente puede pensar que esta haciendo un buen trabajo escondiendo el abuso pero en realidad es que están exponiendo al/la niño/a a una conducta que será un factor que atribuirá para moldear su vida adulta.

A pesar de que Maria tenia un trabajo respetable en una cantina, ella aun se sentía muy incomoda trabajando allí. Es importante entender que en algunos países Latino Americanos solamente las mujeres "mal" trabajan en cantinas. Ser llamada "cantinera" es muy frecuente usado como un insulto. Por lo tanto, uno puede entender porque la insistencia de Maria en decir que todo lo que hacia en la cantina era trabajar. Ella hizo trabajo decente. Su reputación es muy importante y clarificar que era lo que hacia en la cantina era necesario para ella. Muchas veces se les ofrece trabajos a las sobrevivientes y no los aceptan. Frecuentemente se les critica y les llaman mal agradecidas pero como en el caso de Maria hay ciertos trabajos que no son aceptados culturalmente por Latinas y ser una cantinera es uno de ellos.

Situacion actual de Maria

Debido a que Maria vivió la muerte por violencia domestica de dos mujeres muy importante tomo la decisión de estar en abogacía. Ella supo que VD puede ser fatal y que fue suficientemente afortunada para salir de la relación mientras otras no. Eventualmente, Maria logro sobrevivir haciendo y vendiendo tamales. Cada mañana se levanta a las 3:30 y a las 5:30 ella llega al mismo lugar a vender sus tamales. Tiene sus clientes regulares quienes la conocen, la respetan y les encanta sus tamales. Con sus ganancias ella mantiene a sus hijos y su mamá. Con su conocimiento en DV y el constante contacto con el público ella también puede hacer trabajo de abogacía mientras vente sus tamales. Ella esta certificada con el entrenamiento de las 40 horas de VD. Ella aconseja a mujeres que hacer y a donde ir a buscar ayuda, ella ha asistido a sobrevivientes a entender las leyes y sus derechos.

Maria llego hacer la luz que ella tanto quiso ser; ella es una luz para todos nosotros.

Sandra

I don't know how to begin. I believe my childhood has a lot to do with what later happened to me. For as long as I can remember, my mother was always sick. Because I was the third oldest and the oldest female in my family, I was responsible for preparing and serving the meals and making sure my siblings attended school and completed their homework; however, no one cared if I went to school. On the weekends, I had to do the family's laundry, and my mother made certain I did a good job. I remember how hard it was for me to wash those big heavy blankets and scrub them against the big rock we used as a washboard. But this was not the hardest part of my childhood or my adolescent years; incredibly, there was something worse.

My eldest brother was my worst nightmare. During the day, he bothered me with his demands. If he didn't like the way I ironed his pants, he would throw them at my face. If he didn't like the way I cooked the food, he would also throw that at my face. At night, he would harass and fondle me. On many occasions I asked my parents for help, but they ignored me. I told them his behavior wasn't right and that he was hurting me. My parents said I was sick in the head and I needed to see a psychiatrist. They never helped me. In fact, I don't think they even believed me.

When I was twenty years old, I managed to graduate from school and found a secretarial job away from my home. My parents allowed me to move out, so I left. I was able to escape my house and the abuse. I thought my future would be different.

Where I worked, there was a guy who wanted to date me, but on several occasions, I told him to leave me alone because I wasn't interested, but he wouldn't stop. He followed me everywhere. One time, I forgot my apartment keys and couldn't get in. I didn't know what to do. Minutes later, that same guy I worked with came by and saw me sitting there and asked what I was doing. I told him I had forgotten my keys inside and had no way of getting inside my apartment. Very nicely he suggested I go with him to his apartment. He assured me that his roommates would be arriving late, so they wouldn't even know I was there and I wouldn't be bothered. He said there was a spare room where I would be safe.

I'm not sure if I accepted his offer because I was so naive or because I was so dumb. When we arrived at his apartment, he showed me around, trying to win over my trust. It was late; I fell asleep in the spare bedroom. I'm not sure how much time passed, but I suddenly woke up because I felt someone in the bed touching me. I was frightened. I begged him to stop and to leave me alone; I didn't want to have anything to do with him. Angrily, he said it was my fault for accepting to go to his apartment, and now he was going to let me have it. I tried to get up, but he held me down. He covered my mouth, placed his foot on my stomach, pulled his pants down, and raped me. I remember how, afterward, I wouldn't stop bleeding. It was horrible. If things had been different at home, I would not have been in that predicament. I would not have moved out.

Sadly, I remember the day I desperately rushed to tell my mother that I had been raped and was now pregnant. I didn't know what to do. When I told her what that man did and that I was pregnant, she yelled I was an embarrassment to the family. She said she didn't have any money to give me. She continued by saying I was foolish if I was planning to ask my father for help because that was never going to happen. She said I was no longer welcomed in her house; when I moved out, it was for good, and my mistakes were my own problems. Her words broke my heart. To be considered an embarrassment to my family was painful for me. I didn't consider myself worthy as a woman, much less as a daughter. On that day I suffered as much, if not more, than the day I was raped.

I returned to work after the painful encounter with my mother. The man who raped me was still working there and was still insisting on dating me. He continued to pursue me, so I agreed to date him; after all, I was pregnant with his child. Besides, after my mother's response, I didn't think I had another option. We got married, and shortly afterward, the abuse started—or should I say it got worse.

We went to the United States after my son was born. Once we were there, he would throw me out of the house whenever he was in a bad mood or just mad. I remember once when we were arguing, he very angrily pushed me out the door. I was holding on to the banister so I wouldn't fall down the stairs; we lived on the third floor. However, he was much stronger and very angry, so he pried my hand off the banister, and I fell. He was frightened when he saw me lying on the ground. He took me to the hospital. At the hospital they asked me if my husband had beaten me. I was in pain and very tired and confused. I answered yes, but I said I didn't want to talk about it. The truth was I wanted and needed help, but I was too afraid to ask; I didn't know what to do.

The situation only got worse. Every one of my pregnancies was a result of a rape. He continued to throw me out of the house, sometimes when the temperature outside was forty degrees below zero. During those times, I would walk around, waiting for his bad mood to pass. I remember people would stare at me strangely, but no one ever asked if I needed help; no one ever offered me any assistance.

The first time I decided to leave my husband, I asked my sister for help. Although she agreed to help me, she always nagged me on how I was making a mistake and suggested I go back to my husband because he was a good man. She did not feel it was right for me to keep him away from his children. One night, I was so frustrated I just walked out. I sat on the street curb and started to cry. By some miracle, a woman stopped and asked if she could help me. I told her my story and asked her for help. She took me and my children with her, and the following day, she found us a shelter. For the first time, I felt safe with my children.

Unfortunately, the shelter was not far from where my husband lived, so one day he found me. Although he knew where I was, I stayed in the shelter for almost one year; I didn't want to go back to him. However, every time he saw me or came looking for me at work, he would say he missed the children and how he wanted to see them. He insisted that we should return home. He said the house felt empty without us. A year later we returned, thinking he had changed. I thought being together would be best for my children. I wanted us to be a family. The truth was he didn't change. The abuse and the physical attacks continued not long after we got back together. The incidents of beatings, insults, and his usual chasing me out of the house increased; it occurred even in the middle of the night. First he would abuse me, and then he would ask me for forgiveness.

Once again, he controlled my life as well as the lives of my children. Nothing could be done without his consent. He did not love me or the children. The children never called him Dad; they referred to him as "sir." My children, like me, were afraid of him. They did not feel safe, free, or happy in that house. They were not allowed to go out or speak English at home. Not only did he want to know what they did but he also wanted to know every word they said. I felt guilty for staying with him, but at the same time, I felt I couldn't make it on my own. I thought I couldn't make it without him. It was so strange; it was a feeling of not having any legitimacy or not being worthy of anything. He would say I was old, ugly, and good-for-nothing and that no one would want me with so many kids. When he would say such things and I would look in the mirror, that's exactly what I saw too.

After seventeen years of living in that hell, I was able to get away from him with the help of a friend. The last abusive episode was when he got upset with me for driving. While I still in the car, he pounded on the window so hard he broke it. The police were called; he was arrested, and I went to court and obtained an order of protection. I started the divorce proceedings, and a year later I was divorced. I was free, and everything began to be so different. I worked while my children went to school.

One day, my eldest son told me that he often heard his sister crying in the shower. I asked her many times why she cried so much, and she replied she just felt like crying. I felt so lost I decided to look for a church where I could pray and ask God for help. My daughter and I went to church; a priest walked up to us and took us aside. He prayed for my daughter and then whispered to her, "God wants you to forgive the person who harmed you. You have to try to forgive. What you went through was not easy." I remember I just stared at them and asked, "What happened to my daughter? Who does she have to forgive?" The priest responded and said my daughter had been raped. I thought I was going to die! My daughter, who was crying, explained to me what her father did to her. I asked her why she didn't tell me. I couldn't understand how he could do such a thing to his own daughter. I was confused, upset; I didn't know what to do. I felt as if my head was going to explode. Finally, she said she wanted to press charges against him. I told her I would do whatever she asked of me.

That same week, we filed a report with the department of family services as well as one with the police. We did everything we had to do, but nothing happened to him. According to the department of family services, there wasn't enough evidence. My daughter grew tired of repeating her story over and over about what her father had done to her, and nothing happened. The whole process was so draining for me, my other children, and especially for her. God, those days were the hardest. She only wanted to sleep; she didn't want to eat or talk to anyone. She said she wanted to die. Listening to her and seeing her that way broke my heart. I felt I had failed her as a mother. I felt it was entirely my fault.

With the church members' help, as well as the help of the school counselor, she is now better, much better; they all have had a good effect on her. I know her pain will never go away, but with our love and support, she will thrive. I've learned it was not my fault. I am also different. I feel different, strong, and I have a better understanding of what happened to me.

Four years ago, before my father died, he confessed something to me. He explained why he never defended me. And you know something? I thank God because now I understand things better. My father told me my mother's parents had given her away because she was a girl, and she had roamed from one place to another. He said one day she had been raped and, as a result, had a child, my older brother. Crying, my father said when he had met her, she had been a servant at the boarding house where he lived; he had been a teacher at that time. She had been badly mistreated. He had decided to marry her so she wouldn't suffer any more. As a result of all this, he had never disciplined my older brother for fear that my mother would think he was doing it because he was not his biological son.

My father asked me for forgiveness. I forgave him. I don't really think he realized the hell I had gone through with my brother, as well as with my mother. I always believed that if things had been better for me at home, there would not have been a need for me to leave, and I would have felt better about myself.

My mother is still alive. When I think of her or talk to her, I get a feeling inside that I wish wouldn't exist, but it does. When I told her that I was planning on getting a divorce, her response was cold, as always. She said if I thought I could do it on my own, then I should go ahead and do it. Besides, she said, she lived far enough away from me.

I can honestly tell you I am happy. My children's freedom also makes me feel free. It makes me happy to think that one day they will travel; they will have no fears or limitations. Now I can do as I please without fear of anything or anyone. Because I am free, I can come back home late and put gas in the car without worrying and being in a hurry. I have reclaimed my life! Now my dream is to fulfill my children's dreams because their happiness makes me happy.

Why did I want to share my story? I wanted to tell my story because what happened to me is happening today to other women. That feeling of being alone, without any support or happiness, can make us lose hope. By telling my story, I wanted to show how there is always someone willing to help; all you have to do is look around. Never lose hope. The people who helped me came at the right moment. I will never forget it. I know they are not the only ones who can help; I consider myself as someone who can now help too.

Lessons Learned

Sandra was raised in a patriarchal family; this family structure played an important role in her in life. This was apparent in her being the older female child; she was expected to play the role of an adult and even a caretaker, especially when her mother was sick. She was responsible for caring for her siblings while no one cared for her. We often see these expectations of girls within Latino families. Families feel their female members should learn how to do household chores in preparation for when they get married and/or when they need to take on the role of caregivers at home. Boys, on the other hand, do not have such domestic and caregiving expectations. This patriarchal system favors and benefits men.

Incest

In addition to being neglected, Sandra was also sexually abused. Incest is a very taboo subject among Latinos, as it is in most ethnic groups. The fact that incest is rarely discussed in Latino households may explain parents' reactions to it and their inability and/or unwillingness to help, just like what happened with Sandra's parents. Unfortunately, incest is one of the most common forms of sexual abuse of children and also one of the most complex ones. Regardless of race, color, or ethnic background, most cases of incest occur between older male relatives and younger female children within families.

To understand this topic, one may refer to the following academic definition to comprehend how it applies to Sandra's situation: "A sexually abusive relationship is one in which a child who has no control over the situation. A trusted family member or friend uses this power to initiate sexual contact and often to ensure that the relationship continues and remains a secret."[9] This was the exact situation Sandra found herself in. She had nowhere to turn, and when she asked her parents for help, they accused her of being sick, of needing professional help; they simply did not believe her. This was certainly not the appropriate response for such a serious and dangerous matter.

Along with the sexual abuse, Sandra's brother also physically and emotionally abused her. He was very demanding of her cooking and her performance with other household duties. He even turned violent if her work did not meet his expectations. This attitude of entitlement of males over females is another result of the patriarchal system that exists within the Latino culture. If a boy is raised with the belief that men rule, he may then feel he has the right to dominate and control women within the household, as did Sandra's brother. This right to dominate could also include the right for men to feel they can sexually use women. Whatever the reasons are, it is vital to remember that no child deserves to be sexually and/ or physically abused, and no child "invites" it. Sadly, no one told Sandra this.

Rape

Although Sandra left home and was financially independent, she remained emotionally dependent on her family, especially with her mother. However, the relationship was neither healthy nor supportive. The way Sandra's mother responded about the rape was very painful and devastating for Sandra, as anyone could imagine. Although later in the story we learn that Sandra's mother was also raped as a young girl, we can see some of the layers of trauma that Sandra's mother must have gone through herself. However, it does not excuse or undo the harm caused by her reaction to Sandra's devastating news. Very often, rape victims, like Sandra, are blamed for being raped. In our experience in working with Latina victims of rape, very often the victim's family's response is that of blame and shame. There is a feeling of having dishonored the family and an outrage toward the victim having had sex with a man outside marriage, even in cases of rape. In a patriarchal family system, a female's chastity and her virginity are a commodity that everyone in the family has a stake in, and when this is taken away, "stained," or "damaged," the one at fault is the one who was unable to protect it—the victim. Men do not endure such a responsibility or have to live up to such a standard, which is again a reminder of the gender double standard exposed throughout this narrative.

The Law

It may be difficult to understand why Sandra married her rapist. Yet one must look at the situation from her perspective to better comprehend her decision. She felt she really did not have anyone else but her rapist to turn to for help. Let us remember that her mother was neither understanding nor comforting when Sandra needed her the most. In fact, her mother's response to her rape was that of anger, shame, and condemnation. If her own mother had responded this way, Sandra questioned how society at large would respond. Again, let us keep in mind that many times a woman's virginity is attached to her family's honor; therefore, anything to tarnish it would have a negative reflection on the family and the victim. Who knows how her community and her other family members would have responded?

You may ask if she got pregnant as a result of the rape, why couldn't she have had an abortion? Why did she feel she had to go ahead with the pregnancy? Well, abortions at that time were against the law in Mexico, except under limited circumstances, such as rape and incest. And even then, such abortions were almost impossible to obtain. Although abortions were declared legal in 2007 in Mexico City (no other part of the country), women still face challenges in obtaining such services.[10] There have been reports of rape victims who wanted to obtain an abortion but were often persuaded by the court not to have an abortion and further shame their families.[10] In any case, at that time Sandra was raped, abortions were not legal, so it would not have been an option for Sandra; she had no choice but to go forward with the pregnancy.

Because Sandra's husband had never suffered any consequences when he raped her the first time, violence just continued throughout their marriage. Although marital rape is considered a crime in the United States (since the mid 1970s), it was not until November of 2005 that the Mexican Supreme Court declared that forced sex within a marriage was considered rape and punishable by law. This decision overturned a 1994 ruling that declared, "Forced intercourse between spouses is not rape but the exercise of the marital right to sex . . . marriage is for reproduction's sake, and sexual relations are an obligation within that relationship."[11] This 1994 law upheld a long rooted notion that exists within the culture that men had the right to have sex with their wives whenever they wanted, and women believed they had no say in the matter, and legally they didn't. If the law of the land supported rape within a marriage, it explains why women, like Sandra believed they had no right over their bodies or their sexuality.

Lack of Support

Even though Sandra's sister offered her help, her criticism of Sandra's decision to leave her husband was unbearable. Regrettably, this type of disapproval among family members is not uncommon. Many times, family members may ask, "What are you going to do by yourself without a husband, without a father for your children?" One can justify this anxiety as concern for the survivor, but it can also be a way to keep women in their place, keep the status quo, and make women entirely responsible for maintaining the family together. It has been our experience that often times it is the survivor's family that gives her the most trouble and grief about leaving her abuser than anyone else. Latina women are often told they must endure and keep the family together at all costs, at any price. Many times the criticism can consist of how wrong it is for the survivor to leave the father of her children, the provider of the family. Time and time again, family members accuse the survivor of being selfish and only thinking of herself or only wanting to be a single woman. These kinds of critical and negative statements make the decision to leave an abuser even more difficult for the survivor.

Hope

Although Sandra left her husband and lived in a shelter, she did not stop hoping that her husband would change. Sandra is no different from many other survivors. There is a strong desire on the part of the survivor that things can change and get better; survivors of all cultures share this hope. Many survivors will say it is not the abuser they want to get rid of but the abusive behavior. Many survivors love their abusers, as hard as that is to believe. It is important to remember that an abuser is not always abusive. He may often be kind, at times loving, and may seem like a good partner, which explains why survivors often go back to their abusive homes and environments when abusers promise to change.

Because the abuser knows there is a desire for him to change, many abusers do change . . . temporarily. A survivor may feel that if she leaves the abuser for a short period, he will begin to take her seriously and fear she and the kids will leave for good. This is only partly true. It is true that the abuser may be afraid of losing his family only until he can figure out a way to convince the survivor that he has changed and things will be better. Then when she returns, his fear dissipates because that abusive cycle and that love for dominance are stronger. This stage of an abusive relationship is referred to as the reconciliation part of the cycle of violence (refer to the "Cycle of Violence Wheel" section). We would like to refer to this stage as a change of tactics because the abuser doesn't change; only his tactics of control do.

For example, if he uses force to keep her with him, he may now use sweet talk to convince her to stay with him. No matter what, he must find a way to somehow convince her to come back with him. Sandra's abuser was persistent; he followed her around and insisted he had changed. He managed to convince her to return home by using their children and stating over and over how he couldn't live without them. He used guilt to trick his wife back, and it worked! Unfortunately, she found out the change would not last for very long. This is not to say abusers cannot change, because they can, if and only when they take full responsibility for their actions and seek professional help. An abuser must make a conscious effort to change and continue working on his behavior and not use violence in a relationship. It is only then that an abuser can change. This was not the case for Sandra's abuser.

The Effects

After many years of abuse, one would think that once out of the relationship, life for a survivor would be easier. This was what Sandra thought too, but she soon found out that the effects of the abuse remained, not only in relation to her life but in the case of her children as well. Although Sandra could not undo what her husband did to his daughter, she did what any good mother would do. She believed her daughter. She supported her daughter's efforts in trying to seek justice, and she tried to find her daughter additional support through the church and school. Sandra did not respond to her daughter the way her own mother did to her when she was raped. Even though it was painful for Sandra to realize that she was not able to protect her daughter from harm, she later learned it was not her fault. And, indeed, it was not.

Sandra's Current Situation

After all they have been through, Sandra and her family are trying to live a normal life. Sandra is trying to be active in her community and find ways to help other women who are going through abuse. What Sandra has accomplished to do is quite an undertaking. By leaving her abuser, she managed to stop a history of violence toward women in her family. Sandra's mother had been given away because she was female; she was then raped. Sandra had been sexually abused at home by her brother and raped by her husband,

and Sandra's daughter was raped by her father. Sadly, Sandra left her abuser after her daughter was raped, but nevertheless, she did manage to leave and has managed to raise her family in a home without violence and abuse. This was not a small feat. Sandra deserves great admiration for her actions as a mother and as a survivor of violence.

Sandra

No se como empezar pero creo que mi niñez tuvo mucho que ver con lo que me pasó. Desde que yo tengo uso de razón mi madre todo el tiempo estaba enferma, yo, como tercera en la familia y primer mujer, me tenia que encargar de que la comida estuviera lista para comer a tiempo, de que mis hermanos hicieran la tarea y fueran a la escuela. Si yo llegaba o no a la escuela era ya secundario. En el fin de semana mi madre se aseguraba de que lavara bien la ropa, recuerdo que me costaba tanto trabajo lavar aquellas cobijas tan grandes y pesadas que apenas podía pero que tenía que tallar muy bien en aquella piedra enorme que servia de talladero. A pesar de que esto era mi vida diaria no era la parte mas pesada en mi niñez ni en mi adolescencia, increíblemente había algo mas fuerte para mí.

Mi hermano mayor se había convertido en la peor pesadilla en mi vida, por el día me molestaba con sus exigencias, si a él no le gustaba como le había planchado el pantalón me lo aventaba en la cara y si no le gustaba el sabor de la comida también me la aventaba. Por las noches se la pasaba acosándome, me tocaba y eso. Muchas veces pedí ayuda a mis padres pero nunca me escucharon, yo les decía que las actitudes de él no eran buenas que él me estaba lastimando. Ellos, mis padres, solos me decían que yo estaba mal de mi mente, que estaba loca que de nuevo necesitaba un psiquiatra, nunca me ayudaron pues yo creo que nunca me creyeron.

A los veinte años finalmente y después de tanta lucha me gradué de secretaria y encontré trabajo fuera de mi pueblo, mis padres me permitieron irme y me fui, huí de mi casa, finalmente salí de ese abuso sin voz pensando que mi futuro seria diferente.

Donde yo trabajaba había un muchacho que me pretendía pero en varias ocasiones le deje saber que yo no estaba interesada que me dejara en paz pero él no cedía y me seguía para todas partes. En una ocasión yo olvide la llave de mi apartamento y me quede afuera. Yo no sabia que hacer. Minutos después, este hombre, mi compañero de trabajo llegó y me preguntó que hacia afuera, yo ingenuamente le conté que mi llave se me había olvidado adentro y que no tenia manera de entrar esa noche a mi apartamento. El muy amable me dijo que me fuera a su apartamento que los ingenieros con los que él vivía llegarían tarde y que no se darían cuenta, que había un cuarto que nadie ocupaba, que ahí estaría segura y que nadie me iba a molestar.

Yo, no se si por inocente o por mensa acepte y me fui a su apartamento, cuando llegamos él me mostró las puertas de salidas y todo tratando de ganar mi confianza. Yo me acosté en una camita individual que estaba en el cuarto y me quede dormida pues ya era tarde. No supe cuanto tiempo paso pero de repente me desperté porque sentí que alguien me tocaba y sentí que estaba ahí, en la cama. Yo asustada le decía que no hiciera eso por favor que me dejara en paz que yo no quería nada con él. El me decía fuertemente que era mi culpa por haber aceptado ir a su apartamento y que me iba a fregar. Yo rápidamente intente levantarme pero él con mucha fuerza me detuvo, me tapó la boca y me puso su pie en el estomago, se bajó el pantalón y me violo . . ., recuerdo que yo no dejaba de sangrar, fue horrible. Yo creo que si en mi casa no hubiera vivido lo que viví nunca hubiera estado en esa situación pues nunca me hubiera ido.

Aun recuerdo con dolor, con tristeza el día en que yo desesperada corrí a platicarle a mi mamá lo que me había pasado, pues había quedado embarazada y no sabia que hacer. Cuando yo le conté lo que ese hombre me había hecho y que a raíz de ese crimen yo había quedado embarazada, me grito que yo era la vergüenza de mi familia y que ella no tenía dinero para mantener a nadie mas y que si estaba pensando que mi papá gastaría su dinero para darle de comer a esa boca que venia en camino era yo una tonta porque eso nunca pasaría. También me dijo que no me quería en su casa que mi fracaso no era su problema que si yo había salido de su casa había sido para no regresar de nuevo. Las palabras de mi madre fueron como fuego en mi corazón. Lo que mas me dolía, lo mas terrible para mi era pensarme la vergüenza de la familia, eso me quito todo valor como mujer pero sobretodo como hija. Ese día sufrí tanto o más que el día mismo en el que ese hombre me violo.

Con un gran dolor por la respuesta de mi madre regrese al trabajo donde aun estaba este hombre que aun después de la violación insistía en una relación. Al poco tiempo, después de su continua presencia en mi vida lo acepte pues había quedado embarazada y con la respuesta de mi madre creo que no pude ver otra solución. Al muy poco tiempo nos casamos y el abuso a su lado empezó muy rápido o quizás debería de decir que continuó escalando.

Después del nacimiento de mi hijo nos venimos a los Estados Unidos. Ya aquí, él acostumbró a sacarme para fuera cada vez que él estaba de malas o que se enojaba por cualquier cosa. Recuerdo que una vez empezamos a discutir y él enojado me sacó a empujones para afuera y como vivíamos en el tercer piso yo para no caerme me agarre del barandal de la escalera pero él muy enojado y con mucha fuerza me soltó la mano y caí hasta abajo. Al verme abajo se asusto tanto que de inmediato me llevó al hospital. La doctora que me atendió me pregunto que si mi esposo me pegaba, en ese momento yo ya cansada, con dolor y confundida le conteste que si pero también que no quería hablar mas de eso. Yo si quería ayuda, yo si necesitaba ayuda pero no sabía como hacerle pues tenia miedo.

La situación después de ahí empeoro y cada una de mis embarazos fueron una mas de sus violaciones. El continúo sacándome de la casa, en ocasiones me sacaba cuando la temperatura estaba hasta 40 grados bajo cero y yo, sin chamarra. Cuando esto pasaba, yo casi congelándome solo empezaba a caminar sin rumbo esperando que se le pasara el enojo para regresar. Recuerdo que la gente solo me miraba muy extraño pero nadie se paraba a preguntarme, a auxiliarme un poco, nada, nadie hacia nada, nada para ayudarme.

La primera vez que decidí irme de la casa con mis hijos le pedí ayuda a mi hermana que aunque no me la negó constantemente me decía que yo no tenia razón para dejar a mi esposo que él era un buen hombre conmigo, que me trataba bien y que él no merecía que yo lo preocupara llevándome a sus hijos. No se cuantas veces le repetí a ella todo lo que él me hacia pero ella insistía en no escucharme y decía que él era un buen hombre y que yo no sabia lo que decía. En una de esas ocasiones yo ya dolida, frustrada, cansada y no se que mas, me salí por la noche, me senté en un lugar en la calle, ahí empecé a llorar y a pensar que podría hacer porque yo no quería regresar con mi esposo. En esa ocasión, como por milagro de Dios pasó una señora que paró, me preguntó que tenia le conté mi historia y le pedí ayuda. Ella nos llevo a su casa, al siguiente día nos encontró un refugio y finalmente yo me sentí en un lugar seguro a lado de mis hijos.

Desafortunadamente mi esposo casi de inmediato me encontró pues el refugio estaba muy cerca de donde él vivía y un día me miró caminando. A pesar que él me encontró yo seguí en el refugio por casi un año. No quise regresar con él pero cada vez que él me buscaba en mi trabajo o me encontraba caminando, me decía que extrañaba mucho a los niños que los quería ver que regresáramos con él, que la casa estaba muy vacía sin nosotros. Después del año regresamos con él pensando que ya había cambiado y que estar juntos seria lo mejor para mis hijos pues esta vez seriamos finalmente una familia.

La realidad era que él era el mismo de antes, los malos tratos y los golpes continuaron poco después de estar juntos de nuevo. Los insultos, los golpes y su idea fija de sacarme de la casa aumentaron, esta vez hasta cuando estábamos durmiendo. Primero me hacia daño y luego me pedía perdón.

Mi vida y la vida de mis hijos era de nuevo controlada por él, nada se hacia sin su consentimiento y cualquier. Con él era un hogar sin respeto, sin cariño ni para mi ni para mis hijos, ellos ni siquiera le decían papá, ellos le decían: "el señor". Mis hijos al igual que yo tenían miedo, no se sentían seguros, libres o mucho menos felices en esa casa. Cada vez que mis hijos querían salir él los reprimía, cada vez que ellos hablaban ingles en frente de él, él los golpeaba pues no les entendía y no solo quería saber que hacían sino también que hablaban. Yo continuamente tenia en mi corazón un sentimiento de culpa por quedarme con él pero al mismo tiempo pensaba que no podría sola, que él era un respaldo para nosotros que era nuestra seguridad cuando en realidad era todo lo opuesto pero es algo tan extraño, es algo como un sentimiento de no valides de no valer nada. Cuando él me decía que yo era vieja, que era fea, que no servia para nada y que nunca nadie me iba a querer con tanto mocoso, yo me veía al espejo y era exactamente eso lo que reflejaba. Dios santo cuantas veces me sentí exactamente así y cuantas veces mas me culpaba por lo que pasaba, cuantas veces me culpe y al mismo tiempo no hacia nada.

Después de 17 años de vivir este infierno, con la ayuda de una vieja amiga pudimos salir definitivamente de su abuso físico. Recuerdo muy claro que el día final yo estaba llegando del trabajo en el carro y me estaba estacionando, y él enfurecido me empezó a gritar que me bajara y empezó a golpear la ventana con tanta fuerza que la quebró. Yo con un terror inmenso solo gritaba y alguien, nunca supe quien, hablo a la policía, vinieron y lo arrestaron. Yo fui a corte saque una orden de protección, el proceso de divorcio empezó y después de un año finalizo y legalmente yo quede libre y todo empezó a ser diferente. Yo seguí trabajando y mis hijos siguieron en la escuela.

En ese entonces mi hijo, el mayor, me decía que su hermana se la pasaba llorando cuando yo no estaba. Yo le preguntaba lloraba, le pedía que me dijera que le pasaba pero ella solo me contestaba que no pasaba nada, que simplemente tenia ganas de llorar y pues lloraba. Yo un tanto desesperada decidí buscar una iglesia para pedirle a Dios que me ayudara con mis hijos, especialmente con ella. Mi hija y yo visitamos la iglesia un pastor se nos acerco, nos apartó de la demás gente y ahí empezó a rezar por mi hija, después de un par de minutos en voz baja, le dijo: *"Dios quiere que tu perdones a la persona que mucho daño te ha hecho, tienes que hacer un mayor esfuerzo para perdonar porque pues lo que pasaste no es fácil"*. Recuerdo tan claro que yo me le quede mirando y angustiada pregunte, ¿qué pasó con mi hija? ¿Qué tiene que perdonar? En ese momento, el pastor menciono que mi hija tenía que perdonar la violación. Yo sentí que me moría ahí mismo, rápidamente mire a mi hija y ella solo lloraba, lloraba y no dejaba de llorar pero en esta ocasión ella finalmente me hablo de su sufrimiento, del atraco que había sido sometida por su propio padre. En ese momento lloramos las dos, entre el llanto y el dolor yo le preguntaba porque no me había dicho nada, en ese momento no sabia que mas hacer, me sentía morir de nuevo, no podía entender como fue este hombre capaz de semejante atraco. Todo era tan confuso, todos los sentimientos se me venían a la cabeza que me quería explotar. Al final, ella me dijo que quería denunciarlo por lo que le había echo y yo dispuesta hacer todo por mi hija solo la abrazaba y le repetía que yo haría todo lo que ella me pidiera.

Esa misma semana nosotros hicimos el reporte al departamento de niños y familias y a la policía, hicimos todo lo que teníamos que hace pero nada, no paso nada con él. Para el departamento de niños y familias no había suficiente evidencia en su contra. Mi hija se canso de repetir una y otra vez lo que su padre le hizo, de ir de un lado a otro, de luchar sin ningún resultado. Todo ese proceso fue tan desgastante, tan pesado para mí, para mis hijos, pero más que nada para ella. Dios santo, esos días fueron tan duros, ella solo quería dormir, no comía, no quería hablar con nadie, solo decía que ya no quería vivir. Para mí, verla así como estaba y escucharla hablar con tanto dolor me quemaba por dentro, sentía que le había fallado como madre, que todo esto era mi culpa.

Hoy ya puedo decir que ella ha cambiado un poquito. La consejería de su escuela y la compañía de los miembros de la iglesia han contribuido positivamente en ella. Yo he aprendido que no fue mi culpa y que con nuestro amor y nuestro apoyo mi hija saldrá adelante. Yo personalmente me siento diferente, fuerte y hoy entiendo aun más mi vida.

Antes de que mi padre muriera, hace cuatro años ya, me confeso la razón del porque él no me apoyó cuando yo mas lo necesite, y ¿sabes? doy gracias a Dios porque ahora, entiendo mejor las cosas. El me dijo que los padres de mi madre la habían regalado por ella no haber sido hombre, y desde ahí ella empezó a rodar. El me dijo que un mal día para mi madre, la violaron y tuvo un hijo, mi hermano mayor. Mi padre llorando me dijo que él la conoció cuando ella era sirvienta de una casa donde él se asistía; mi papá era maestro. Me dijo que la trataban muy mal y que él decidió casarse con ella para que no sufriera más. A consecuencia de todo esto él no quería desautorizar a mi madre sobre su hijo porque él no quería que ella sintiera que lo hacia porque él no era su padre biológico.

Mi padre me pidió perdón y yo, llorando lo perdone. Estoy segura que nunca supo verdaderamente el infierno que me inicio mi propio hermano junto a mi propia madre. Siempre he pensado que si yo hubiera estado bien en mi casa, no hubiera tenido la necesidad de huir de ella o tal vez no hubiera nunca perdido el valor de mi misma.

Mi madre aun vive, cuando la recuerdo o hablo con ella siento algo que no quisiera sentir pero que esta ahí. Cuando le comunique que me iba a divorciar su respuesta fue tan fría como siempre, me dijo que si yo podía mantener a mis chamacos pues que hiciera lo que quisiera que al fin y al cavo ella estaba muy lejos de mi.

Hoy yo te puedo decir que soy feliz, que la liberta de mis hijos me hace ser enteramente libre a mi también. Me encanta saber que ellos viajaran y que los llevare al aeropuerto sin miedos o limitaciones. Hoy puedo hacer lo que quiero sin temer a nada o a nadie, puedo dormir mucho, llegar tarde a la casa, poner gasolina a mi carro sin contar los minutos porque ya soy libre, recupere mi vida. Hoy, el cumplir los sueños de mis hijos es mi sueño porque la felicidad de ellos es la mía misma.

¿Por qué quise compartir mi historia? Porque se que lo que yo pase, muchas mujeres lo están pasando hoy día, el sentimiento de desamparo, de falta de apoyo o de infelicidad nos hace perder la esperanza y con mi propia historia yo quiero decirles que siempre en la vida de uno habrá alguien que esta dispuesta a darle la mano en el preciso momento, solo tenemos que mirar para los lados y buscar sin perder la fe. Las personas que encontré en mi camino llegaron en ese preciso momento y nunca lo voy a olvidar, se que ellas no son las únicas pues ahora . . . yo me puedo contar también.

Lecciones Aprendidas

Sandra creció en una familia patriarcal, esta estructura en su familia jugo un papel muy importante en su vida. Aparentemente en el hecho de que ella era la mayor de las "mujeres", se esperaba que ella fuera la encargada del de la casa especialmente cuando su mama enfermaba. A ella se le dio el papel de adulto, la hicieron responsable por sus hermanos sin que nadie cuidara de ella misma. Estas expectativas hacia las mujeres se ven frecuentemente en las familias Latinas. La familia latina siente que el lugar de la mujer en la familia es ser ama de casa para cuando se casen o para cuando se necesite. En cambio para los hombres no se tienen tales expectaciones.

Incesto

Aparte de la negligencia que Sandra vivió, ella también fue abusada. Incesto es un tabú en las familias latinas como lo es en otros grupos étnicos; también es un tema muy complicado. El hecho de que la discusión sobre incesto es muy rara en las familias latinas tiene mucho que ver en la reacción de los padres, su inhabilidad y deseo de ayudar tal como lo vemos en los padres de Sandra. Desafortunadamente, incesto es la forma más común de abuso sexual en niños. La mayoría del incesto ocurre entre familiares; hombre mayores y jovencitas en familias de toda clase y color. Una relación de abuso sexual es una donde el niño/a no tiene ningún control sobre la situación. Un amigo o miembro de la familia de confianza usa su poder para inicia un contacto sexual y frecuentemente se asegura que la relación continúe y se mantenga en secreto [9]. Esta fue exactamente en la situación en la que Sandra se encontró. Sandra no tenía para donde correr y cuando les pidió ayuda a sus padres la acusaron de enferma y de necesitar ayuda profesional. Ciertamente, esta no era la respuesta apropiada para esta situación tan seria y delicada.

Al compás con el abuso sexual, el hermano de Sandra la abusaba física y emocionalmente. El era muy exigente con la comida que ella cocinaba al igual que con las otras labores de la casa. Vimos ejemplos del abuso en sus reacciones cuando Sandra no cocino la comida como a él le gusta o cuando no planchó su ropa acorde a su aprobación. Este comportamiento que el hombre tiene sobre las mujer puede ser un resultado de la sociedad patriarca entre la cultura latina.

Si el hombre es criado y apoyado con la creencia de que el hombre es el que regula, el puede llegar a sentir que el tiene el derecho de dominar y controlar mujeres, lo que pudo ser el caso del hermano de Sandra. Este derecho de dominar puede también incluir el derecho de usar la mujer sexualmente. Cualquiera que sean las razones, es vital recordar que ningún niño/a merece ser abusado/a física o sexualmente y que ningún niño/a lo pide o propicia. Tristemente, no hubo nadie que se lo dijera a Sandra.

Violación

A pesar de que Sandra se fue de la casa y era económicamente independiente, aun dependía emocionalmente de su familia, especialmente de su mamá. Aun así la relación no era una relación saludable y no le ayudo en ninguna manera. La forma en que la mamá de Sandra respondió acerca de su violación hubiera sido muy dolorosa y devastadora para cualquiera. Mas adelante en la historia aprendemos que la mamá de Sandra también fue violada cuando era una jovencita, esto no justifica o deshace el dolor que le causó su reacción por la devastadora noticia de Sandra. Muy frecuentemente, victimas de violación, como Sandra, son culpadas por ello, esto no es raro. En nuestra experiencia trabajando con latinas que has sido violada, muy frecuentemente la respuesta de la familia de las victimas es de culpabilidad y de vergüenza. Existe un sentimiento de desorna en la familia. Es un atrevimiento para la victima haber tenido sexo con un hombre fuera de matrimonio, aun en caso de violación. En familias patriarcas muchas veces la castidad de la mujer, su virginidad es una comodidad de la que toda la familia se sirve y cuando esta se la quitan, la manchan o la dañan a la que culpan es a la que fue incapaz de protegerla . . . la victima. El hombre no tiene esa responsabilidad, ni tiene que vivir bajo este criterio. Definitivamente, aquí hay doble parámetros.

La Ley

Puede ser difícil de entender porque Sandra se cazó con su violador. Debemos de ver la situación desde su propia perspectiva para entender mejor su decisión. Ella sintió que no tenía a nadie más que su violador para pedir ayuda. Recuerda que su mamá no fue muy comprensible o consoladora cuando Sandra más la necesito. En realidad, la respuesta de su mamá a la violación fue de enojo, vergüenza y condenación. Si su propia madre respondió de esta manera, ¿cómo le hubiera respondido la sociedad a Sandra? Ten en mente que muchas veces la virginidad de la mujer es una parte muy apegada al honor de la familia, por lo tanto, cualquier cosa que la manche seria un mal reflejo tanto en la familia como en la victima. ¿Quien sabe como la comunidad y los otros miembros de la familia responderían?

Te preguntaras, si se embarazo como resultado de la violación ¿porque no pudo haber tenido un aborto? ¿Por qué sintió que debía seguir con su embarazo? Bueno, en ese tiempo los abortos eran en contra de la ley en México, excepto en limitadas condiciones como lo es una violación e incesto y aun así el aborto es casi imposible obtenerlo. A pesar de que el aborto fue declarado legal en el 2007, solamente en la ciudad de México, aun es un reto para las mujeres obtener tales servicios [10]. Por lo tanto, para Sandra el aborto no era una opción, la única decisión que podía tomar era seguir con su embarazo.

El esposo de Sandra nunca sufrió ninguna consecuencia de la primera violación que cometió y por lo tanto esta forma de abuso siguió durante el matrimonio. A pesar de que en los Estados

Unidos la violación marital es un crimen (desde mediados de los 1970) fue hasta Noviembre de 2005 que la Corte Suprema de México declaró que el sexo forzado en el matrimonio es violación y es penado por la ley. Esta decisión anulo la regla anterior que declaraba, "la penetración forzada entre esposos no es violación, ejercer el derecho marital de tener sexo en el matrimonio es para reproducir y las relaciones sexuales entre el matrimonio era una obligación"[11]. La decisión del 1994 apoyo la noción que esta tan arraigada culturalmente donde el hombre tiene el derecho de tomar a su esposa sexualmente cuando ellos quieran y donde la mujer cree que no tiene ningún derecho de objetarlo . . . y legalmente, no lo tenían. Si la ley de la tierra apoyaba la violación en le matrimonio, entonces ¿que derecho tenían las mujeres, como Sandra, de su propio cuerpo?

Falta de Apoyo

A pesar de que la hermana de Sandra le ofreció ayuda, su crítica sobre la decisión de dejar a su esposo fue insoportable. Desagradablemente esta clase de opiniones entre familia son muy comunes. Ha sido nuestra experiencia que frecuentemente la familia de la sobreviviente es la que le da más problemas para dejar al abusador que ninguna otra persona. La critica mas escuchada es que es erróneo departe de la sobreviviente dejar el padre de sus hijos, el proveer de la familia. Una y otra vez la familia acusa a la sobreviviente de egoísta o de solamente pensar en estar soltera de nuevo. La crítica hace la decisión de dejar al abusador mas difícil. Frecuentemente se le ha dicho a la mujer latina que debe ser fuerte y mantener a la familia junta a pesar de todo y de cualquier precio. La familia podrían preguntar: *"que vas a hacer tu sola sin un esposo, sin un padre para tus hijos"* Uno puede justificar esta "ansiedad" como preocupación por la sobreviviente pero también puede ser una manera de mantener a la mujer en su lugar; manteniendo el estatus donde se le da a la mujer la responsabilidad de mantener a la familia junta.

La Esperanza

A pesar de que Sandra dejó a su esposo y fue a vivir aun refugio para mujeres maltratadas, no dejó de esperar que su esposo cambiaria. Sandra no es diferente de otras muchas sobrevivientes. Hay un fuerte deseo de parte de las sobrevivientes de que las cosas pueden cambiar y estar bien; sobrevivientes de todas culturas comparten esta esperanza. Muchas sobrevivientes dirán que no es del abusador del que se quieren deshacer es de la conducta abusiva. Muchas sobreviviente aman al abusador por mas difícil que sea de creer. Es importante recordad que el abusador no es siempre abusador. El es frecuentemente amable, amoroso y buena pareja lo que explica porque la sobreviviente regresa cuando el abusador promete cambiar.

El abusador sabe de este deseo de cambio por lo tanto muchos de ellos cambian . . . temporalmente. Muchas sobrevivientes sienten que si dejan al abusador el empezara a tomarlas en serio y entender que en cualquier momento podrían perderlas, a ellas y a sus hijos, sin embargo no todo es verdad. Es verdad que el abusador puede perder su familia pero solamente hasta que encuentre la manera de convencer a la sobreviviente de que ha cambiado y que las cosas serán mejor. Esta etapa de la relación de abuso se refiere a la reconciliación, parte del ciclo de violencia. (Referirse al ciclo de violencia) Nos gusta referirnos a esta etapa como "cambio de táctica" porque el abusador no cambia, solo sus tácticas de control cambian. Por ejemplo; si él usó fuerza para mantenerla con él, ahora usara dulzura para convencerla que se quede con él. Sin importar como, él de alguna manera la convence de que regresen.

El abusador de Sandra fue persistente; la seguía a todas partes e insistía que había cambiado. El logro convencerla para que regresara con el usando los niños; diciendo como el no podría estar sin ellos. El la hizo sentir culpable, y ¡si funciono! Desafortunadamente se dio cuenta que el cambio no duraría mucho tiempo. Esto no quiere decir que los abusadores no pueden cambian, porque si pueden, solamente si toman responsabilidad de sus propios actos. El abusador tendría que hacer un esfuerzo conciente de cambio y continuar trabajando en su conducta no usar violencia en las relaciones. Solamente entonces el abusador podría cambiar.

Los efectos

Después de muchos años de abuso uno podría pensar, que después de estar fuera de la relación la vida será más fácil para la sobreviviente. Esto es lo que Sandra pensó pero pronto descubrió que quedaban los efectos del abuso, no solamente para ella sino para sus hijos también. A pesar de que Sandra no pudo deshacer lo que su esposo le hizo a su hija, hizo lo que cualquiera buena madre haría, creerle a su hija. Ella apoyo los esfuerzos de su hija de tratar de hacer justicia y busco ayuda adicional para ella a través de su escuela y la iglesia. Sandra no respondió como respondió su mamá cuando ella fue violada. A pesar de que fue muy doloroso para Sandra darse cuenta que ella no pudo proteger a su hija del daño, mas tarde aprendió que no fue su culpa. Pues, no fue su culpa.

Situación actual de Sandra

Después de todo lo que han vivido, Sandra y su familia están tratando de vivir una vida normal. Sandra trata de tener una vida active en la comunidad y ayudar a otras personas que esta pasando por abuso. Lo que Sandra ha logrado es sobresaliente. Al dejar a su marido, ha logrado parar la historia de de violencia hacia la mujer en su familia —regalaron a la mamá de Sandra porque era mujer, mas tarde fue violada, Sandra fue abusada sexualmente en su propia casa por su hermano y mas tarde fue violada por su marido y su hija fue violada. Aun cuando tristemente Sandra dejó a su abusador después de que violo a su hija, ella logró dejarlo y ha logrado mantener a su familia en un hogar sin violencia, sin abuso. Esto no fue tan poco.

Antonia

I remember . . . Oh god. I will never forget those nights. This is the first time I've talked about it. I've never told this story to anyone. It hurts too much to talk about it. Oh my god, I remember when my mother would go out dancing with my sisters. I would beg her not to go, not to leave us with *him*, but she never paid attention to my pleas; my tears were shed in vain. I remember how I would lie down in my little bed in the room I shared with my older sister. I tried to fall asleep. My body was stiff under the covers, nervously waiting for that shadow to approach my sister, who was shaking. She too awaited the arrival of that person who wrongfully called himself our father. I remember how my sister tried to get up; she tried to fight off the monster. Regularly, he would rape her, have his way with her, and do whatever he pleased with her until he was satisfied.

I still get chills when I think of how I would pray to God not to allow the monster to come to my bed. I recall hearing my sister trying to defend herself; she would groan, and then later, I heard the footsteps leaving our bedroom. I couldn't stop staring at the floor, watching his shadow leave while at the same time praying to God over and over never to see the shadow again. My sister, my poor sister—I could not even imagine her pain. I know she suffered. I don't know which was harder for her, the physical or emotional pain. Maybe she didn't even know herself. God, many nights went on like this until one day my family discovered that my poor sister was pregnant. This was very confusing to me, and I am sure it was for her too.

Oh my god, she couldn't explain she was pregnant because of the rapes. She couldn't tell them that the monster, our so-called father, had repeatedly raped her. Her pregnancy was the result of one of the biggest sins that could be committed on earth. Everyone was shocked about her pregnancy, including him. The pregnancy caused the family great shame. They beat her, they humiliated her, and they treated her worse than one would treat an animal. In my mind, I couldn't comprehend how this person (my father) could be a parent. How could anyone be capable of something like this? How could he dishonor and rape his own daughter and then beat her for something that was his fault? I ask myself now, if I couldn't speak up, then how could she? Words couldn't come out of her mouth, only moans, and that was all . . . because she was deaf and mute. She didn't have the ability to hear or speak. God, she must have been so confused.

I can't understand how my mother would entrust her children to a person who had already dishonored the family. Supposedly, my father had had sex with my brother's wife; my father had had sex with his own son's wife! I remember how everyone in our village knew about it. Everyone in the village gossiped about it and insinuated that maybe we, his daughters, also had sex with him. My mother did nothing; she did not care about us. God, I don't know what I feel for her or them (my parents). I don't know if it's hatred or resentment, but one thing is for certain: that feeling of fondness one feels for their parents has never existed in my heart.

As time passed, the abuse, one way or another, continued. On one lucky day—or more like an unlucky day—a man came into my life. He promised to change my life and marry me and take me with him to the United States where he lived. This may be a strange story; I don't know. What I do know is I couldn't handle being in my house much longer. I wanted to get away from there, go as far away as possible. One week after we met, without giving it much thought and against my parents' wishes, I decided to marry him. On our honeymoon night, I realized how much he cared about me; that night started off with a beating. Our first night together, I was afraid and embarrassed because it was my first time being with a man, so I somewhat resisted him, and because of that, he beat me.

Less than a week later, we moved to the United States; it was 1985. One night, in that same year, I overheard him talking with his friends. He was bragging and asking them to pay the money they owed him from a bet he had won. The bet was if he got married on his last trip to Mexico, they would pay the coyote's (human trafficker's) fee for his new wife's passage. When I heard this, I felt horrible and worthless. Well, I don't know how I felt. I just wanted to go back home. I just cried.

The beatings he gave me while we lived in the United States were worse than the beatings he gave me when we lived in Mexico. I remember he worked nights and came home around two or three o'clock in the morning; mostly he would stay out drinking with his friends and arrive much later. He expected me to wait up for him so I could serve him dinner. When I couldn't stay awake, he would get furious and beat me. In addition, he would make me sleep on the floor without any blankets; at that time, I was eight months pregnant with my first child. The couple that lived with us was returning to Mexico and asked me to go back with them. They said they didn't want to leave me alone with him because they knew how badly he abused me. I decided to go with them. My son was born in my mother-in-law's house in Mexico. And because of my decision, a decision I later regretted, my son is now struggling because of my fault. Had he been born in the United States, the situation for him would have been different.

A year after I arrived in Mexico, my husband also arrived. He came with nothing but the shirt on his back. When he returned to Mexico, my parents asked him to fulfill the promise he made them. Two years prior, he promised my parents we would have a church wedding. My husband repeatedly told me he did not want to get married in church; he did not love me, but he was going to fulfill his promise anyway. When I told him the priest said we had to go to premarital classes, he got so angry he began to beat me; he almost killed me. While he was beating me, a neighbor saw and intervened by shouting at my husband that he was a coward. He told my husband to leave me alone and said a woman should never be hit. I recall my mother-in-law got upset when she found out I had screamed while my husband was beating me. She said I was too loud and my husband had every right to discipline me because I was "his woman"! Three days before the wedding, there was another beating. I prayed to God for the bruises to disappear in time for the wedding ceremony; I was so ashamed.

I was beaten again on the day of our wedding. On that evening, after everyone had left, my drunken husband asked me for a glass of water. As he hastily took a drink, he cut his lip with the glass. I remember clearly I was about to throw away the bloody water when he suddenly said to me, "Don't throw it out, drink it, you are now my wife, and we have to share everything. Drink the water." Because I refused to do it, he beat me. I screamed out for help, but nobody helped me . . . no one. He did not stop beating me until he was exhausted. When I regained consciousness, I noticed I had gashes; I had big open gashes.

After the church wedding, we did not have a place of our own, so we began to live in other people's houses. We were constantly on the move; we moved from house to house. I never felt like a houseguest; it was more like I was begging people to take us in. As that saying in Spanish goes, "The dead and a visitor begin to stink after three days," and we stunk everywhere we went. We moved in with my parents, and a few days after living with them, my husband began to hit me several times. Although my father told him not to hit me in front of him, he continued to do it. My mother told us to move out and go someplace else with our problems. She said she had enough troubles of her own. At the same time we were looking for a new place to live, my husband's aunt, who lived in Detroit, came for a visit. My husband wanted to return to Detroit, so he asked her for help. She helped him return alone, and I was left behind in Mexico. However, before he left, we agreed that after a while, we would meet up in Detroit. By this time, we already had a second child.

Much later, we were reunited in the United States. I hoped he had changed and believed maybe while we were apart he had thought things over and we would live a better life together. Much to my disappointment, things were not as I hoped. The third day after arriving in the United States, I heard someone loudly knocking and kicking at the door, yelling for someone to open the door. At that time, I spent most of my days in my bedroom because we shared the house with some men and I was the only female, so I didn't feel comfortable. I finally came out of my room and opened the door, not suspecting it was my husband . . . but it was. He yelled, "Why didn't you open the door for me, you son of a —— didn't you know I was outside!" When he was done screaming at me, he began to hit me. Sadly, my three-year-old son witnessed it all. Oh god, my poor son desperately cried out, "Mommy, Mommy, let's go!" But it was impossible to leave because I didn't know anyone nor did I have any place to go. The only thing I knew were the four walls of my bedroom and my husband's constant abuse; that was my world.

I wouldn't dare go outside, especially when I heard rumors of people being picked up and deported by immigration. I wouldn't even look out the window because I thought someone from immigration would see me and I would be deported. I also didn't want to come out of my room because I was embarrassed the other men would see my bruises. I didn't want them to think the beatings were my fault or think I was afraid, but the truth was I was afraid . . . I was afraid of him.

One weekend, my husband wanted us to visit his aunt, the one who had helped him come to Detroit. As usual I had bruises, and she noticed them. She asked me what happened, but I was too embarrassed to tell her the truth, and besides my mother always told me marital problems should always be kept private and at home. However, my son heard her, and he immediately responded, "My dad hits her, Auntie, my dad hits her!" She said she had heard rumors about his abuse. At that moment, she went up to my husband and told him he needed to stop hitting me or one day I would leave him. She told him I was his wife and that he had to think about his family's welfare. He claimed at that time he was drunk and didn't know what he was doing. He then left the room upset. As soon as he left, she told me I shouldn't allow him to hit me anymore. I asked her, "What can I do? He is much bigger and stronger than me." She grabbed my hand and said if it happened again, I needed to dial 911. At that time, I didn't even know what 911 meant until she explained it to me. She instructed me on what to do and warned me if I didn't call the police, he would never stop hitting me. I couldn't imagine calling the police on my husband and having him placed in jail, but nevertheless, I thanked her and we left.

As soon as we were inside the car, he told me to fasten my seat belt because we were going to get "messed up." He scolded me for telling people our personal business. He was driving very fast. I yelled at him to let me out because I was afraid we were going to be killed in an accident. All of a sudden, he stopped the car and told me, "Get out and take your *fucking* kid with you!" Frightened, I got out, took my son by the hand, and slowly we walked all the way back home.

Days passed and I wasn't doing anything. Every time I told him I wanted to work, he said it was only an excuse to go out and look for another man. He said I had everything I needed at home; therefore, it wasn't necessary for me to work. Finally, after I insisted for a long time I got a job, much to his disapproval. Whenever he was in a bad mood and knew I was getting ready for work, he would hit me . . . without any reason. I often stayed home on those days because I had been crying and was badly bruised.

One night, when he arrived home with his friends, he told me to serve him and his friends some dinner, and I did. When he wanted seconds and there wasn't any food left, he got upset and began to beat me. I was three months pregnant at that time. Suddenly, I remembered his aunt's advice, and without giving it a second thought, I dialed 911. He was almost asleep when the police arrived. They arrested him, and I was taken to the hospital. The next day he came home, accompanied by his boss. He promised he would never do it again; he said he regretted it and asked for forgiveness. I forgave him, but two months later, he hit me again. He said he would never forgive me for calling the police and I would pay for it; next time, he said, the beatings would be worse.

I will always carry inside me the recurrent beatings and his many, many hurtful words. However, one night—one terrible night—has not only stayed inside me but it also has terrorized me forever. When I think about it now, I become panic-stricken, my body shakes, and I cry. God . . . it was the most horrible thing. One night, with my son and me present, he approached a gang member and asked how much it would cost to have me shot. I was so scared, I didn't know if the guy would do it or not. Fortunately, another gang member heard my husband's question and told him he was crazy and chased him away. My husband left. My son and I stayed there . . . alone.

The following day after the incident with the gang member, I felt desperate as if I were going to go crazy. Without knowing what to do or what to think I asked my friend, a neighbor, to go with me for a walk. I didn't tell my husband where I was going, I just left and returned an hour or two later . . . I don't remember. When I returned, I was surprised to find out he was on the telephone talking to my family in Mexico. He was always kind to my parents.

If they needed money, like a good son-in-law, he gave it to them. Well, he told my parents I had left him with the kids for another man, and my parents believed him. My mother wanted to talk to me. She scolded me and said that she knew what I had done and I was an embarrassment to them. My brothers also insulted me by calling me a whore and said they were ashamed of me. I insisted it was a lie, but to no avail. They said they didn't believe me because they knew I was a whore and my husband was telling them the truth. Finally, I told them God and I knew the truth, and they could believe whatever they wanted. I then hung up.

The first time I ever went to court because of the abuse was after my husband had beaten me with a cord. I told him to iron his own clothes, so he beat me. He beat me so badly there wasn't one part of my body that had not been struck by the cord. There was blood everywhere; the power cord split my skin open. I was about to faint when suddenly someone knocked at the door. It was the police; a neighbor had called them. The police took my husband away. My neighbor helped me and took photographs of my injuries. Everyone I knew told me to leave him. They said I didn't have to put up with him and that I should have him arrested. I once had to leave one of my sons in Mexico with my mother-in-law, so at that time, I was afraid to leave my husband for fear his family would not return my son to me.

However, this time, things were different. I had brought my son back from Mexico, and thank God my children and I were together. I decided to put an end to the abuse, and I went to domestic violence court for the first time. I filed for a divorce and full custody of my children. I thought about what my mother one time said to me: "Don't ever think about leaving your husband. You are married. People get married for life. We [women] get married to suffer, not for pleasure. I feel sorry for you if you ever leave your husband. If you leave your husband, you are no longer my daughter . . . you will be dead to me." For the first time I considered how much it would hurt to stop being her daughter, but my children needed me, and I needed to be safe for their sake.

We had to return to court, but before our next court date, he came over to talk to me. He seemed truly sorry. He said for the kids' sake I should go back to him. He said they were important, and for our family's best interest, we should make things better. He said I shouldn't go back to court. Maybe I was afraid, unsure, or confused—I don't know why—but I went back to him. I didn't show up for my court date. Soon afterward, the situation became intolerable. Everything was worse, but by then, my case was closed and there was nothing I could do. He would say, "The police will never believe you again, they will not come when you call them." Unfortunately, I thought what he told me was true. Many times the police would come, but I . . . I wouldn't do anything. Soon, I just stopped calling the police. I simply stopped because I no longer had the strength to call.

Many times I would ask God to kill me. I didn't want to live that way anymore. I already felt dead. I couldn't go on anymore . . . no more . . . I simply wanted to die. Holy mother of God, so many times I thought about cutting my wrists, but then I thought about my children. I considered going to the lake and drowning myself along with them (my children). Oh my god! I thought about so many things, I shouldn't have but I couldn't take it anymore . . . no more! I felt like I was nothing in this world. I felt alone. I didn't have anyone. My mother threatened me if I left my husband. I felt I didn't have anyone's support, here or from afar.

My husband also threatened me. Many times he said if I ever tried to leave him, he would find me and kill me or he would tell my children that I had left him for another man and swore my children would believe him. Many times he told me if I ever tried to leave, he would take my children away and I would never see them again. Oh my god, I believed he would do it, I believed he was capable of anything. Because I didn't want to lose my children, I did everything possible to stay with him.

The following years, he drank while I worked and paid the household expenses; by this time, my children were grown. One afternoon in 2002, as always, my husband returned home drunk and demanded his dinner. I was tired, so I told him the food was ready and he could serve himself. He became furious! He pushed me up against the refrigerator and hit me in the face. As he was about to hit me again, my eldest son, who had heard the argument, came out of his room and stopped him. My son told him, "You will never hit my mother again! I'm tired of this! It's been like this my whole life. When I was younger, I couldn't defend her, but now— now you are going to have to fight me. You will not hit her again. Not anymore!" I got scared. Oh my god, the thought of a father and son fist-fighting! I felt I was to blame. Thank God nothing else happened.

That same afternoon my husband left. The following day, he spoke to my youngest son and told him to pack up his clothes and take them to him across the street from our house. Thank God, I haven't seen him (my husband) since that day. Because my youngest son was very close to his father, he desperately wanted to see him. I told my son his father would always be his father and if he wanted to see him, he could. Once my husband told my two younger sons he wanted to visit them at our house, so he came over. At that time I wasn't home, so my husband took advantage of the opportunity and took everything he could carry out. After that incident, I didn't allow him to come back inside the house, but I still allowed him to see the children.

My youngest son became very depressed; it showed in his behavior at home and at school. I felt he had given up on life, and it was killing me because there wasn't anything I could do about it. I knew he wanted his parents back together, but I could never go back; it wasn't going to resolve anything. My son went to psychotherapy while my other son kept to himself and the eldest tried very hard to act normal. It hurts me to know how my children suffered.

During all this, my mother called me and told me I should go back to my husband and start over as if nothing had ever happened. She said according to church law, I was still married and I was supposed to endure; I had to suffer for the sake of my children, like she did. It wasn't easy, but I remember I told her my children needed me, and to go back with him was impossible. I also told her my husband didn't care about my children; he never inquired about them and he never asked if they had enough to eat. He never gave me a cent to help pay the household expenses. I wasn't going back with him, not now, not ever! I asked God to protect us and help us move forward. I told my mother I was not the only woman who had to make it on her own, and I would not be the last.

I looked for an attorney. It wasn't easy, but with the help of a domestic violence agency, I found one. With my determination and the help of my oldest son, I have come a long way. Today, I am divorced, and I'm working hard for my children's sake. We are trying to fulfill our dreams, but sometimes it is hard because the effects of the abuse are still with us.

Today, I know I am not alone. There are many of us who are in the same situation; many more are in worse situations. It is very hard to make the decision to leave an abusive relationship. I know it is not easy; I lived through it. I know now I should have made the decision to leave sooner, but I always believed he would change. But now I know he won't; they never change. Only a miracle can change them, but miracles don't happen very often. Today, I know the abuse is not a part of a marriage and it shouldn't be part of my life or the life of my children. It hurts to have lived through that situation, but what hurts the most is having caused my children all that pain and suffering. Today, I'm here for them; I exist for them; they are my life. They are the reason I'm here today, telling my story.

Lessons Learned

There is no doubt Antonia lived a long time with violence. This experience began long before she married her husband; it started when she was a child. Unfortunately, the sexual abuse Antonia experienced and witnessed with her sister is not uncommon. Child sexual abuse (CSA) is believed to be a major global public health concern, yet very few studies of CSA exist in poorer countries. Mexico is no exception; almost no research about CSA exists, and services tackling CSA are extremely limited.[12] Statistics of CSA in Mexico are difficult to acquire; however, it is likely that the number of reported cases in Mexico is very close to that in the United States. According to experts in the United States, up to eighty thousand cases of CSA are reported every year, but unreported cases could probably double this number.[12]

Oftentimes, children are afraid to tell anyone about the abuse, and in some cases, like in Antonia's situation, their distressing pleas for help go ignored. It is not uncommon for sexual abuse to take place within the family with the perpetrator being a parent, stepparent, sibling, or another relative. The abuse can cause long-term emotional and psychological damage to the child involved.[3] Antonia's exposure to sexual abuse was responsible for the decisions she made, such as marrying a man after only knowing him for one week. It is clear she desperately wanted to leave the abusive situation at home.

Red Flags!

In addition to Antonia wanting to leave her home, her future husband was willing to get serious fast. Keep in mind he proposed marriage after only knowing Antonia for one week. This is very common behavior among abusers. It is not unusual for an abuser to propose marriage after only a short time of knowing the survivor—a month or even one week, like in Antonia's case. Many times, an abuser wants to spend all his time with the survivor. He will often call her at home or at work or both just to check up on her, just to make sure "she's okay." The abuser's explanation for this behavior could be that he loves her so much he needs to constantly hear her voice or that he worries about her safety and just wants to make sure she arrives safely at her destination. These are red flags (refer to the "Red Flags of Abuse" section)! These are just ways for an abuser to keep tabs on a survivor and monitor her every movement.

Antonia was anxious to leave the sexual abuse at home. There were the town's rumors about her father and her and her sisters, and she also feared she would become her father's next victim. She longed for a better life. Antonia's abuser took advantage of her situation and found it easy to convince her to marry him; he represented a way out, which was exactly what Antonia so desperately wanted and needed. Although marrying someone after such a short period of time may seem ridiculous to some, it is not unheard of in domestic violence (DV) cases. It happens frequently, especially when there are other factors involved.

Factors That Keep Her from Leaving

Although Antonia got married and was able to leave her maternal home, she was unable to escape the violence. As she said in her story, the abuse with her husband started immediately, the night they got married. The abuse continued and escalated as the years went on. Although Antonia wanted to leave her husband, there were many factors that made it difficult for her to escape. One reason was that she felt she did not have the right to talk to anyone about the abuse. In many Latino families, we are told we must keep our problems to ourselves, keep them in the home. It is often this unwritten law that keeps survivors like Antonia from confiding in someone and seeking the help they desperately need. In addition to having to abide by this unwritten law, Antonia was pressured by her family to stay with her husband no matter what. Her mother-in-law made this very clear when she told Antonia she was "his" woman and she must, therefore, endure the beatings. Antonia's own mother threatened to disown her if she left her husband. Therefore, if Antonia left, it would have been considered an act of dishonor. There is this notion that exists within the cultures that through marriage, a man has ownership of his wife, and women must endure any type of suffering. This belief perpetuates violence against women. This notion also makes it extremely difficult for many Latina women to leave their abusive husbands/partners because this belief has, in a way, sanctioned violence within a marriage.

Family and Cultural Pressures

Family pressure can be a serious barrier for some Latina survivors. These demands from the family can influence a survivor's decisions, regardless of where her family lives, in the same city or hundreds of miles away. Antonia was left with the tough choice of picking between her family in Mexico and her and her children's well-being. In order to understand this internal struggle, one must first understand an important cultural value for Latinos: *familism*. "Familism is usually described as including a strong identification and attachment of individuals with their families (nuclear and extended), and strong feelings of loyalty, reciprocity and solidarity among members of the same family."[13] Because Antonia went against her family's wishes, she could therefore be seen as being disloyal to them. When she chose a life without violence, Antonia had to break off her relationship with the family. It was a very painful and difficult choice to make and a very heavy price to pay.

Before Antonia was able to leave her abuser, she and her children went through many years of abuse. Antonia knew she was exposing her children to the abuse, but she felt helpless; she couldn't see a way out of the situation. Her son took it upon himself to look for help the first chance he got; he told the aunt about the abuse. Often, children of DV try to fix the situation and help their mothers. In a way they become their mothers' protectors. In the

Latino culture, many times, a young boy is often referred to as *el hombresito* (the little man) of the house. It might be said in jest, but some children take it to heart, and feel they are the *hombresito* of the house. Therefore, they feel it becomes their duty as *el hombresito* to defend their mothers and their younger siblings at all costs. For a young boy to be *el hombresito* and go against the abuser, an adult, can be a very scary thing. As children in these situations grow up, they feel a heavier burden of physically defending their mothers, as was the case with Antonia's oldest son. He was tired of the abuse and rightfully so; he wanted to put an end to it. He felt he had to defend his mother, and he was willing to physically fight his father. These types of situations can be dangerous. Fortunately, Antonia's husband decided to leave, and it did not escalate, but it could have turned out differently, perhaps even fatal.

Antonia's Current Situation

What is happening with Antonia now? Antonia is going through a legal process, which will allow her to legally live and work in the United States. At the moment, she and her children are safe and away from the abuser. According to Antonia, they have not seen her husband for at least three years from the time she told us her story. Her family in Mexico still does not know she is divorced; she does not know if she will ever tell them because of their threats. Right now her only concern is to provide for her children and to give them a safe and healthy environment to grow up in.

In talking with Antonia, it is not difficult to notice that she still feels guilty for some of the decisions she made in the past, like giving birth to her first child in Mexico. She blames herself because this son does not qualify for benefits available to US citizens, such as financial aid for school. However, what she has failed to see is the gift she has given to all her children, a life without violence. Hopefully, with the continuous support of her counselor, Antonia will be able to let go of those feelings of guilt and realize what an extraordinary mother and woman she is.

When Antonia was asked why she wanted to participate in this book project, she responded that she wanted other women to know her story and to understand that they are not alone. She wanted other survivors to know that there are women who have gone through DV and have gotten out. It is important to remember that Antonia has not only survived the abuse from her husband but she also survived the sexual abuse at her parental home, which was a very traumatic experience for her. For me, Antonia is truly a survivor and a great inspiration for all women.

Antonia

Hay dios como me acuerdo . . . fueron noches que nunca se me van a olvidar. Esta es la primera vez que lo hablo, nunca antes había salido de mi boca este testimonio, me duele decirlo . . . Diosito . . . recuerdo mi madre se iba con mis hermanas mayores al baile, me recuerdo que yo le imploraba que no se fuera, que no nos dejara a merced de él pero nunca atendió a mis ruegos, nunca fue mi llanto motivo de caso para ella. Recuerdo que me iba a dormir y al acostarme en la pequeña cama que estaba en el mismo cuarto que compartía con mi hermana la mayor, mi cuerpo cubierto por la sabana quedaba tieso, tieso esperando temerosa ver que esa sombra empezara a avanzar hasta el lugar de mí hermana donde ya temblando esperaba la llegada de ese ser que equivocadamente decía llamarse papá. Recuerdo que mi hermana manoteaba tratando de sacarse, de resistírsele en vano a ese monstruo que por noches la asaltaba hasta saciar sus más bajos propósitos.

Aun siento escalofrió cuando recuerdo pedirle a dios que no dejara a ese monstruo llegar a mí cama y cuando miraba que los ruidos de defensa, los gemidos bajaban y escuchaba los pasos alejándose del cuarto yo cuidaba sin despegar mi mirada del suelo donde se aparecía su sombra pidiéndole a dios una y otra vez no llegar a verla de nuevo. Mí hermana, mí pobrecita hermana no pudo ni imaginar su dolor, se que lloraba pero no se que era mas fuerte si su dolor físico o su corazón, tal vez ni ella misma lo sabia tampoco. Dios, así pasaron noches y noches hasta que un día con una gran confusión

143

para mí y estoy segura que para ella también, mi pobrecita hermana quedo embarazada.

Hay dios mío, ella sin poder decir que su embarazo era producto de una violación repetidamente hecha por un monstruo llamado papá, que era producto del crimen mas grande sobre la tierra, todos, incluyendo él mismo simulando la mas grande sorpresa y la mas grande humillación, la golpearon, la degradaron, la trataron peor que como se le trata a un animal. En mi mente no cabía la imagen de ese ser como un padre, ¿como fue capaz? ¿Como pudo mancillar, violar a su propia hija y golpear por su propio crimen? Ahora pienso si yo no pude hablar de ese horrible crimen, hablando como lo iba a hacer ella cuando de su voz no salían palabras solo gemidos que ni siquiera ella misma podía oír. ¡HO! Dios mío que confusión a de ver sentido, sin poder escuchar y mas aun sin poder hablar . . .

Aun no puedo entender como una madre podría confiar nuestro cuidado a esta persona que ya había manchado nuestra familia teniendo relaciones con la esposa de mi hermano, con la esposa de su propio hijo . . . Recuerdo que todo el pueblo lo sabia, que todo el pueblo murmuraba que tal vez nosotros, sus hijas ya habíamos pasado por nuestro propio padre. Ella, mi madre no hizo nada por ponernos atención, dios mío que siento por ella o por ellos no se si es odio o resentimiento pero algo es seguro en mí . . . ese cariño que uno tiene que sentir por sus padres nunca ha podido existir en mi corazón.

A través del tiempo el abuso de una forma u otra no seso y un buen o mal día llego a mi vida un hombre que me prometió un cambio en mi vida . . . casarse conmigo, llevarme de ahí para acompañarlo pues él estaba solo en los estados unidos. Esto es una historia espantosa o rara no se . . ., lo que se es que yo no soportaba mas estar en mi casa, quería huir lo mas lejos de ahí y sin yo pensarlo y en contra de la voluntad de mis padres decidí unirme a él después de una semana de conocernos. La primera noche me mostró lo que para él era una esposa, la dichosa luna de miel fue empezada con golpes, golpes que recibí al resistirme un poco pues tenia miedo, vergüenza . . . era mi primera vez.

Después de menos de una semana nos fuimos a los estados unidos, eso fue en el año 1985. Recién llegamos aquí, una noche lo escuche hablando con sus amigos y el, orgulloso les pedía el dinero por la apuesta que les había ganado. La apuesta era que si se casaba en México en su último viaje le pagaría el coyote para su esposa. Cuando escuche esto me sentí la mujer mas baja, no se como me sentí yo solo lloraba y en ese momento quería ya regresarme a mi pueblo.

Las primeras veces que estando ya en estados unidos me golpeo, fueron peores que las primeras en México, recuerdo que como él trabajaba de noche llegaba a la casa a las dos, tres de la mañana pero mas del tiempo se quedaba a tomar con sus amigos y llegaba aun mas tarde, él me decía que lo esperara despierta para darle de cenar y cuando el sueño me vencía él se enfurecía y me daba mis golpes, aparte de golpearme me aventaba al suelo y me hacia dormir ahí sin cobijas estando yo embarazada de mi primer hijo. Faltando menos de un mes para dar a luz la pareja con las que nosotros vivíamos se iban para México y me dijeron que me fuera con ellos que no me quedara aquí sola porque este hombre me humillaba y me pegaba . . . ellos lo sabían . . . yo decidí irme, haya nació mi primer hijo en casa de mi suegra, hay dios mío como me he arrepentido de haberme ido, hoy mi hijo esta batallando por mi culpa, si él hubiera nacido aquí otra cosa seria para él.

Al año de yo estar en México él llegó haya sin nada solo con lo que traía puesto y mis papás le pidieron que se casara conmigo por la iglesia como él se los había prometido un par de años antes. Mi esposo me decía una y otra vez que él no se quería casar, que él no me quería pero que cumpliría su promesa. Cuando le comunique que el padre me había dicho que teníamos que ir a las pláticas de matrimonio él se enojo tanto que me dio hasta por donde pudo darme y esa vez casi me mata. En ese momento un vecino interrumpió su intención gritándole que era un cobarde que me soltara y que a las mujeres no se les pegaba. Me recuerdo que cuando mi suegra se dio cuenta que yo había gritado por los golpes que me había dado mi marido, ella se vino sobre mí y me dijo que yo era una gritona que él tenia todo el derecho de corregirme pues yo era su mujer. Después de esa golpiza vino otros tres días antes de la ceremonia religiosa. A mi me daba vergüenza y solo le pedía a dios que los moretones no se miraran en el día de la ceremonia.

Ese día también fue un día de golpes para mí . . . ya todos se habían ido y mi esposo ya borracho como de costumbre me pidió un baso de agua y arrebatadamente se llevó el vaso de cristal a la boca y se corto el labio, me recuerdo bien claro que cuando me disponía a tirar el agua con sangre del baso me dijo: "no la tires, tómatela, ya eres mi mujer y tenemos que compartir, tomate el agua" Yo me rehusé y ahí mismo me golpeo, yo grité pero nadie me defendió . . . nadie . . . hasta que quiso me dejó. Yo me desmaye y cuando recupere el conocimiento pude ver las heridas en mi cuerpo, grandes y abiertas heridas que él me había dejado.

Después del matrimonio religioso empezamos a vivir en un lado y en otro sin casa y como dice el dicho, el muerto y el arrimado a los tres días apesta y nosotros apestamos en todas partes. En los poquitos días que vivimos en la casa de mis padres él me golpeo repetidas veces y aunque mi padre le pidió que no lo hiciera delante de él, él lo siguió haciendo. Mi madre por otra parte me corrió de la casa; me dijo que me fuera con mis problemas a otra parte que no me quería ahí que ella ya tenia suficiente. En los días que andábamos rodando para acá y para haya fue su tía de visita al pueblo. Ella vivía en los Estados Unido y le pidió que lo ayudara a venirse otra vez, él se vino y quedamos que al poco tiempo me vendría yo. Para ese tiempo yo ya tenia el segundo niño.

Cuando me regrese a los estados unidos para reunirme con él, yo tenia la esperanza de que él ya hubiera cambiado, que él ya había pensado las cosas y que posiblemente viviríamos mejor esta vez.

Tristemente me di cuenta que no fue así, el tercer día que había llegado yo estaba en mi cuarto porque estábamos compartiendo el apartamento con unos muchachos y yo trataba de estar siempre en le cuarto pues era la única mujer. Ese día repentinamente escuche que tocaban bruscamente la puerta, pateando y llamando a gritos que abrirán. Yo ni siquiera me imagine que era mi esposo y no salí, a los pocos minutes entro al cuarto golpeando la puerta y gritando: "porque no me habré la puerta jija de . . . que no sabes que andaba afuera" al mismo tiempo me golpeaba brutalmente ahí en mi cuarto en presencia de mi niño con tan solo tres anitos de edad. Ho! dios mío, mi pobrecita niño llorando abiertamente solo me decía: "mami, mami vámonos de aquí", pero yo no conocía a nadie, mi mundo aquí era solo esas cuatro paredes con mi hijo y los malos tratos que mi esposo me daba una y otra vez. Yo no salía para nada pues tiempo atrás me habían dicho que migración andaba afuera y que si me asomaba a la ventana me podía ver, ni siquiera quería salir del cuarto pues me daba vergüenza que me miraran toda golpeada yo no quería que pensaran que era mi culpa y tenia temor, le tenia temor a él.

Un fin de semana se le ocurrió a mi esposo ir a visitar a la tía que lo había ayudado a regresar aquí y como de costumbre yo tenia moretones en la cara y en los brazos y ella lo notó. La señora me preguntó que me pasaba, a mí me dio pena contestar pues mi mamá siempre me dijo que los problemas de matrimonio se quedaban en la casa pero mi hijo al escuchar que me preguntaba, apresurado le dijo: "mi papá le pega tía, mi papá le pega". La señora me dijo que ella ya había escuchado comentarios al respecto, en ese momento le dijo a mi marido que no debía hacer eso que parara porque algún día yo lo dejaría, que yo era su esposa que pensara en mi familia. Mi esposo solo dijo que estaba borracho y que no sabia lo que hacía y molesto se retiro de nosotros. En cuanto él se retiro ella me dijo que no me dejara, yo le conteste que como podría hacerle pues era mucho mas fuerte que yo. Ella me tomó mi mano y me dijo que si pasaba otra vez que llamara al 911, yo no sabía ni que era eso pero ella me explicó repitiéndome que tenía que hacerlo porque él no pararía los golpes . . .

En ese momento en mi mente no cabía la idea de hablar a la policía para meter a mi esposo a la cárcel y solo le di las gracias y nos fuimos. Ya en el carro él enfurecido me dijo que me pusiera el cinturón porque nos íbamos a dar en la ching . . . y gritando aun mas fuerte me empezó a reclamar que porque yo andaba diciendo lo que pasaba en la casa. Yo gritando de miedo le imploraba que me bajara pues temía que nos matáramos con tanta velocidad. De repente, paró el carro y me dijo: "bájate, bájate con tu 'pinchi' hijo" Yo me baje y con miedo también, de la mano de mi hijo, caminamos lentamente hasta llegar a la casa.

Así paso el tiempo y yo ahí sin hacer nada, cada vez que yo le mencionaba que quería trabajar me decía que solo lo quería un pretexto para buscar hombres, que yo tenía todo en mi casa y no tenia necesidad de trabajar. Finalmente de tanto insistir empecé a trabajar casi en contra de su voluntad y cada vez que él estaba de malas sin razón alguna cuando escuchaba que me andaba levantando para irme a trabajar me golpeaba y yo ya llorando y llena de moretones decidía no ir al trabajo.

Una noche que regresó de trabajar con sus amigos me pidió que les diera de comer, les di de comer y cuando terminaron me pidió mas pero ya no había, se enfureció, y enfurecido me agarró y empezó a golpearme. Yo tenia tres meses de embarazo y temía por mi niño ahí recordé lo que la tía me había dicho y sin pensarlo mucho llame a la policía. El ya estaba quedándose dormido en el sofá cuando llegó la policía, lo arrestarón y ellos mismos me llevarón al hospital. Al siguiente día por la tarde él llegó con su patrón prometiéndome que ya no lo haría mas, que estaba arrepentido, que lo perdonara. Lo perdoné y a los dos meses otra joda que me metió, esta vez agregó que nunca me iba a perdonar el haber hablado a la policía que me iría peor y que pagaría por eso.

Repetidos golpes y muchas muchísimas frases dichas una y otra vez por él se me han quedado en mi cuerpo y en la mente bien marcadas pero hubo una noche, una noche de terror que no solo se me ha quedado en mi mente sino que me ha marcado para siempre, aun cuando me acuerdo me lleno de pánico, mi cuerpo se estremece y mi llanto lleno de dolor empieza a salir . . ., solo . . . Dios, fue lo más terrible. Recuerdo que esa noche estábamos él, mi hijo y yo cuando él se acerco a un miembro de una ganga y le preguntó que si cuanto le cobraba por darme un balazo. Yo me asuste, me asuste bastante. No sabia si el muchacho lo haría o no. Afortunadamente otro miembro había escuchado a mi marido y le dijo que estaba loco y que se fuera, lo corrió de ahí. Mi esposo se fue. Mi hijo y yo nos quedamos ahí . . . solos los dos.

El día siguiente, todo el día me sentí tan mal creía que me volvería loca. Yo sin saber exactamente que hacer o que seguir pensando le pedí a una vecina que fuéramos a caminar y nos fuimos, yo no le dije a mi marido adonde iba solo me salí y regrese después de una hora o dos, no me acuerdo. Cuando regresé me lleve la sorpresa que él estaba hablando con mi familia en México, les había dicho a mis padres que yo me había ido con un hombre y que lo había dejado, que lo había dejado con los niños. Mis padres le creyeron pues él era muy buena gente con ellos, si ellos necesitaban dinero él gustosamente le mandaba a México como todo un buen yerno. El me pidió que hablara con mi mamá y mi mamá me regaño, me dijo que ya sabia que había echo y que era una vergüenza para ellos, mis hermanos solo me insultaron diciéndome que era una cualquiera y que se avergonzaban de mí. Yo insistía que no era cierto pero en vano lo hice porque ellos me decía que no me creerían a mí que ellos sabían que yo era una cualquiera que mi esposo le había dicho la verdad. Finalmente le dije que dios y yo sabíamos que no era cierto y que ellos creyeran lo que quisieran creer y colgué el teléfono.

La primera vez que fui a la corte por su abuso fue porque mi esposo me pegó con el cordón de la plancha. Recuerdo que le dije que se

planchara su propia ropa y enfurecido me atacó con tanta fuerza
que en mi cuerpo no había un pedacito que el cordón no había
tocado. Había sangre por todas partes, la fuerza del cordón me
abrió la piel de todo mi cuerpo. Era tanto el dolor que no sabia
en realidad de donde venia exactamente, no supe cuando pero
sentí que ya no podía mas. Estaba a punto de desmayarme cuando
escuche que alguien tocaba la puerta, era la policía; mi vecina les
había llamado. La policía me ayudó y tomaron fotografías de mis
heridas. Todos me decía que lo dejara, que no tenía que aguantarle
mas y que debería dejar que lo arrestaran.

Un tiempo atrás yo había tenido que dejar a mi hijo en México
con mi suegra y en ese tiempo no había dejado a mi esposo porque
temía que su familia no me lo regresara pero en esta ocasión era
diferente. Gracias a Dios yo tenia a mis hijos con migo, estábamos
juntos ya, yo tenia a todos mis hijos conmigo. Esta vez, ya cansada
del su abuso, decidí terminar con la violencia de una vez por todas y
fui a corte, por primera vez, fui a corte de violencia domestica. Ahí,
aplique para el divorcio y pedí custodia completa de mis hijos. En
ese momento pensé en lo que mi mamá me dijo una vez: "Que no
se te ocurra pensar en dejar a tu esposo. Tu estas casada. La gente se
casa de por vida. Nosotros no nos casamos para gozar, nos casamos
para sufrir. Pobrecita de ti si lo dejas. Si tú te dejas de él, olvídate
que tienes madre . . ., tú habrás muerto para mi". Por primera vez
me di cuenta cuanto me dolería dejar de sur su hija pero mis hijos
me necesitan . . . yo necesito estar bien para ellos.

Nosotros teníamos que regresar a corte pero antes de la fecha de
corte él vino a la casa y hablamos. El realmente se veía arrepentido.
Me dijo que regresáramos, que era lo mejor para nuestros hijos,
que ellos eran lo mas importante en nuestras vidas y que por
ellos, por nuestra familia, deberíamos de tratar de nuevo y hacer
las cosas mejor esta vez. El me dijo que no debería de regresara a
corte. Tal vez por miedo, inseguridad, confusión o no se, no se
porque, pero regrese con él. No fui a la corte que tenía que ir y
casi inmediatamente después, la situación se puso intolerable, fue

mucho peor que antes. Para ese entonces, mi caso en corte estaba cerrado y yo ya no pude hacer nada. El por su parte me repetía una y otra vez: "la policía nunca mas te creerá, cuando los llames, no vendrán". Desafortunadamente, yo pensaba que lo que decía era cierto pues la policía había venido muchas veces y yo, yo no había hecho nada. Con eso en mi mente ya no llamaba, simplemente paré de llamar, ya no tenia la fuerza para hacerlo.

Cuantas veces le pedía a Dios que mejor me matara de una vez porque yo sentía que estaba muerta en vida y que ya no quería vivir así, que ya no podía más.. ya no mas . . . Santa madre de Dios, cuantas veces más pensé cortarme las venas pero luego pensaba en mis hijos. Alguna vez considere la idea de irme al lago y tirarme con mis hijos y ahogarnos ahí todos juntos. Dios santo pensé en tantas cosas que no debí pensar pero ya no podía mas, ya no. Sentía que no era nadie en esta vida, me sentía sola pues no tenía a nadie. Mi madre me había amenazado si dejaba a mi esposo, yo sentía que no tenía apoyo de nadie ni cerca, ni lejos de mí.

Mi esposo también me amenazó muchas veces, me decía que si lo dejaba él me encontraría y me mataría. Me decía que si un día lo dejaba le diría a mis hijos que lo había dejado por otro hombre y juraba que mis hijos le creerían a él. Cuantas veces me dijo que si algún día trataba de dejarlo me quitaría a mis hijos y nunca mas los volvería a ver. Dios santo, de verdad creía que lo haría, creía que él seria capas de cualquier cosa, y yo no quería perder a mis hijos, ellos son todo para mí y pues hice todo lo que estaba de mi parte para quedarme con él.

Los siguientes años siguientes mi esposo se la pasaba tomando y yo, trabajando para pagar los gastos de la casa. En el año 2002, mis hijos ya estaban grandes para entonces, en una tarde mi esposo llegó de la calle borracho como de costumbre y como de costumbre llegó exigiendo que le sirviera de cenar. Ese día, yo me sentía tan cansada que solo le dije que la cena estaba lista que se sirviera él mismo. El se enfureció y en un segundo me aventó contra el refrigerador y me pegó con fuerza en la cara. Cuando iba a pegarme de nuevo, mi hijo que había escuchado la pelea desde su cuarto, salio y le detuvo la mano al mismo tiempo que le decía: "Nunca mas le vas a pegar a mi mamá de nuevo, toda mi vida ha sido igual. Cuando era pequeño no podía defenderla pero ahora, ahora tendrás que pelear conmigo porque a ella ya no le pegaras mas, ya no mas." Yo me asuste tanto, Dios santo, tan solo pensar que mi hijo y su padre se darían de golpes me daba tanto miedo y pues sentía que seria mi culpa si eso pasaba. Gracia a Dios no paso.

Esa misma tarde, mí esposo nos dejó. Al siguiente día hablo con mi hijo menor y le pidió que le empacara su ropa y se la llevara al cruzar la calle de la casa. Gracias a Dios nunca lo volvía a ver desde ese día. Mi hijo menor estaba muy apegado a su papá y pues quería verlo, yo le decía que su papá siempre seria su papá y que si quería verlo que él lo podía ver. En una ocasión mi esposo les dijo a mis dos hijos menores que los quería visitar en la casa y vino, yo me salí para que ellos pudieran estar con él pero él solo aprovecho la oportunidad para llevarse todo lo que pudo de la casa. Después de ese día no le permití la entrada a mi casa mas pero si podía seguir viendo a mis hijos.

Mi hijo menor se empezó a deprimir demasiado, su conducta en la casa y en la escuela había cambiado muchísimo. Yo sentía que él ya no quería vivir y eso me estaba matando pues no podía hacer. Sabia que mi hijo quería a sus papás junto pero yo nunca volvería, esa no era una opción para mí, no podía y pues eso no resolvería nada. Finalmente mi hijo menor empezó una terapia psicológica, mi hijo el del medio nunca hablaba de la situación, se guardaba todo y el mayor trataba arduamente de actuar "normal" Todo eso me dolía, me dolía ver sufrimiento de mis hijos.

Durante este tiempo mi mamá me llamó para decirme que debía de regresar con mi esposo, empezar de nuevo y hacer como si nada hubiera pasado. Dijo que conforme a la ley de la iglesia yo todavía estaba casada y que era mi obligación respetar la ley. Me dijo que tenia que sufrir por el bien de mis hijos como lo había echo ella. Fue bien difícil para mi pero recuerdo que firmemente le dije que mis hijos me necesitaban a mí y que regresar con él era imposible. También le dije que a mi esposo no le importaban mis hijos, que nunca preguntaba por ellos, nunca preguntaba si ellos tenia para comer o no. El nunca me dio un cinco para pagar los gastos de la casa. No iba a regresar con él, no ahora, no, nunca. Le pedí a Dios que nos protegiera y nos ayudara a salir adelante con nuestras vidas. Le dije a mi mamá que yo no era la única mujer que hacia delante sola con sus hijos y que tampoco seria la ultima.

Al poco tiempo busqué un abogado, no fue fácil pero con la ayuda de una agencia de violencia domestica encontré uno. Con la determinación y el apoyo de mi hijo mayor he hecho lo que nunca imagine poder hacer. Ahora, estoy divorciada, estoy aun trabajando muy duro para el beneficio de mis hijos. Estamos tratando de conseguir nuestros sueños aunque a veces es difícil pues los efectos del abuso aun están con nosotros.

Hoy, en este tiempo yo se que no estoy sola. Hay muchas de nosotros que están en la misma situación y muchas mas están en peor situación. Es bien difícil tomar la decisión de dejar una relación abusiva. No es fácil, yo lo se, yo lo viví. Se también que debí haber tomado la decisión mucho antes pero siempre creí que él cambiaria pero ahora se que nunca cambiara, ellos nunca cambian. Solo un milagro los cambiaria pero los milagros no ocurren muy seguido. Ahora, se que el abuso no es parte del matrimonio y no debe ser parte de mi vida o de la vida de mis hijos. Me duele haber pasado por eso pero lo que mas me duele es haber permitido que mis hijos pasaran por todo ese dolor y sufrimiento. Hoy, hoy estoy aquí por ellos, existo por ellos; ellos son mi vida. Ellos son la razón por la cual estoy aquí, este día . . . contando mi historia.

Lecciones Aprendida

No cave duda que Antonia vivió en violencia domestica por mucho tiempo. Su experiencia con violencia empezó mucho antes de casarse, empezó desde que era una niña. Desafortunadamente, el abuso sexual que ella vio con su hermana es común. Se cree que el abuso sexual infantil (ASI) es una de las mayores preocupaciones global en la salud pública y aun así hay muy pocos estudios de ASI en los países más pobres. México no es una excepción; casi nada de investigación se ha hecho en ASI y los servicios que se ofrecen enfocados en ASI son extremadamente limitados [12]. Es difícil de encontrar estadísticas reales en México pero es seguro que el número de casos reportados este muy cercano a los casos reportados en Estados Unidos. De acuerdo con los expertos en los Estado Unidos ASI ha reportado hasta 80,000 casos al año pero los casos que no se reportan podrían doblar este número[12]. Frecuentemente, los niños temen decirle a alguien acerca del abuso y en algunos casos, como en la situación de Antonia, su suplica de ayuda es ignorada. No es raro que el abuso sexual paso dentro de la familia siendo el padre, el padrastro, el hermano o algún otro miembro de la familia el perpetrador. El abuso sexual puede causar un daño sicológico y emocional a largo plazo en los niños que han sido expuestos al abuso[3]. El hecho de que Antonia fue expuesta al abuso sexual es responsable por las decisiones que ella tomo, como el casarse con un hombre que solo conoció por una semana. Es claro que quería dejar el abuso que existía en su casa.

Señales de alerta!

Aparte de la necesidad de Antonia de dejar su casa, estaba el hecho de que su esposo quería formalizar tan demasiado rápido. Recuerden que él le propuso matrimonio después de solo una semana de haberla conocido. Esta es una conducta muy común entre los abusadores. Por lo general los abusadores quieren pasar todo su tiempo junto a sobreviviente. Muy seguido el le llamaba por teléfono a su casa o a su trabajo o a las dos partes solo para saber de ella, para estar seguro que "ella esta bien". La explicación por su conducta seria que el amor que siente por ella es mucho y que necesita escuchar su voz constantemente o que la ama tanto que se preocupa por su seguridad y necesita estar seguro que ella llega bien a donde va. (referirse a señales de alerta) ¡Esta son señales de alerta! Son solo maneras que usan los abusadores para saber cada paso de la sobreviviente.

Antonia estaba ansiosa de dejar el abuso sexual en casa, los rumores en el pueblo acerca de su papá, su hermana y ella, y por su temor de ser la próxima victima para su papá. Aparte era su deseo de tener una mejor vida. El abusador de Antonio solo tomo ventaja de su situación y le resulto fácil convencerla de casarse con él; el representaba su salida, lo que Antonia desesperadamente quería y necesitaba. A pesar de que casarse con alguien en tan poco tiempo pueda parecer ridículo para algunas personas, en casos de violencia domestica (VD) es muy común escucharlo. Pasa muy frecuentemente, especialmente cuando envuelve otras circunstancias.

Factores por los que no se va

A pesar de que Antonia se caso y pudo dejar su casa, no pudo escapar de la violencia. Como ella lo dijo en su historia, el abuso con su esposo empezó inmediatamente, en la misma noche de su boda. El abuso continuo y escalo como los anos fueron pasando. Aunque Antonia quería dejar a su esposo, por diferentes factores, era muy difícil escapar. Una de las razones era que ella no se sentía con el derecho de hablar con nadie del abuso. En muchas familias Latinas nos enseñan que tenemos que mantener los problemas en casa, solo para nosotros. Frecuentemente es esta "lay no escrita" que no permite a las sobrevivientes, como Antonia, de confiar en alguien y pedir la ayuda que necesitan para salir de una relación abusiva. Aparte de vivir bajo esta ley no escrita, la familia de Antonia la presionaba para que se quedara con su esposo sin importar que estuviera pasando. La suegra de Antonia se lo dejó muy claro cuando le dijo que ella era la mujer de su hijo y que como tal debería de soportar los golpes. La misma madre de Antonia la amenazo de rechazarla como hija si dejaba a su esposo. Si Antonia se iba, seria considerado un acto de deshorna. La creencia de que un hombre es dueño de la vida de su esposa en el matrimonio y que por lo tanto tiene que soportar todo sufrimiento, existe en la cultura. Esta creencia promueve la violencia en contra de la mujer. Para muchas las mujeres Latinas, esta creencia hace que sea extremadamente difícil dejar a sus esposos/parejas abusadores pues esta creencia tiene un sentido de violencia normalizada dentro del matrimonio.

Presiones familiares y culturales

La presión familiar puede ser una barrera muy seria para algunas sobrevivientes Latinas. Estas demandas familiares llegan a tener gran influencia en la decisión de la sobreviviente independientemente de donde viva la familia, en la misma ciudad o ciento de millas de separada. Antonia quedo con la dura decisión de escoger por su familia en México ó por el bienestar de ella y de sus hijos. Para poder entender esta batalla interna de no ir en contra de la familia, primeramente necesitas entender uno de los más importantes valores específicos de la cultura Latina, familiarismo. "Familiarismo es usualmente descrito como una fuerte identificación y apego individual con sus familias (nuclear y extendida) y fuertes sentimiento de lealtad, reciprocidad y solidaridad entre los miembros de la misma familia" [13]. El hecho de que Antonia fuera en contra de los deseos de su familia, la hizo ser desleal a ellos. Cuando ella escogió una vida sin violencia tuvo que cortar la relación con su familia. Fue una dolorosa y difícil decisión de tomar y especialmente un caro precio a pagar.

Antes de que Antonia dejara el abuso, ella y sus hijos pasaron por muchos años de abuso. Antonia sabia que estaba exponiendo a sus hijos al abuso pero se sentía indefensa, no podía ver salida alguna de la situación. Su hijo tomó la decisión de buscar la ayuda en la primera oportunidad que tuvo, fue ahí cuando le dijo a su tía del abuso. Frecuentemente los niños que viven en violencia domestica tratan de arreglar la situación y ayudar a sus mamás, ellos de alguna manera llegan a ser los protectores. Muchas veces en la cultura Latina se refieren a los jovencitos como "el hombrecito" de la casa. Puede que sea solo un decir pero mucho jovencitos lo toman en serio y sienten que ellos son los "hombrecitos" de la casa. Por lo tanto llega ha ser su trabajo como "hombrecito" defender a la mamá y a sus hermanos a todo costo. Para un jovencito ser "el hombrecito" e ir en contra del abusador, un adulto, puede ser algo que produce miedo. Como niños creciendo en violencia domestica sienten un pesado peso de defender a sus madres físicamente, como pudimos ven en el caso de el hijo mayor de Antonia. El estaba cansado de la situación y allí, verdaderamente, quiso poner fin a la violencia. El sintió que tenía que defender a su mamá y estaba dispuesto a pelear físicamente con su papá. Este tipo de situaciones pueden ser peligrosas. Afortunadamente, el esposo de Antonia decidió irse y la violencia no escaló pero pudo haber sido diferente, tal vez fatal.

Situación actual de Antonia

¿Qué pasa con Antonia ahora? Antonia esta en un proceso legal el cual le permitirá vivir y trabajar legalmente en los Estados Unidos. Por ahora ella y sus hijos esta seguros y lejos del abusador. De acuerdo a Antonia ellos no han visto a su abusador desde hace por lo menos tres años desde que nos dijo su historia. Su familia en México aun no sabe que ella se divorcio; no sabe si algún día les dirá pues no olvida la amenaza. Por ahora solo se preocupa por proveer para sus hijos y por darles un hogar saludable para seguir creciendo.

Hablando con Antonia no es difícil notar que ella aun se siente culpable por algunas decisiones que ella tomo en el pasado, como haber tenido su primer hijo en México. Se culpa de que su hijo no califique para algunos beneficios disponibles para los ciudadanos de los Estados Unidos, como ayuda financiera para ingresar a la escuela. Sin embargo lo que ella no ha podido ver es el regalo que le dio a todos sus hijos; una vida sin violencia. Esperemos que Antonia, con el continuo apoyo de su consejera, saque esos sentimientos de culpabilidad y se de cuenta de la extraordinaria madre y mujer que ella es.

Cuando le pregunte a Antonia porque quería participar en este proyecto, en este libro, ella contestó que quería que otras mujeres leyeran su historia y comprendiera que ellas no están solas.

Ella quiere que otras sobrevivientes se den cuenta que hay otras mujeres que han pasado por violencia domestica y ha salido. Es importante recordar que Antonia no solamente sobrevivió el abuso de su esposo sino también el abuso sexual en su casa, el cual fue una experiencia traumática para ella. Para mí, Antonia es una verdadera sobreviviente y una gran inspiración para todas las mujeres.

Clara

I remember how my mother would take us to my uncle's house where I would play with my cousins and friends . . . and where one of my cousins would molest me.

My cousin was sixteen years old, and I was only six. He fondled me, sometimes hit me; he would take me into the closet and touch me all over and sometimes insert objects into my vagina. In addition, my paternal grandfather was also sexually abusing me. Very affectionately my grandfather would place me on his lap and then fondle me, lift up my skirt, and rub his penis against my body. He told me not to tell anyone because I would be scolded and something terrible would happen to me. I was frightened. I knew I had to obey him because he was my grandfather, my elder. I always refused to go to my uncle's and grandfather's house. I would scream that I wanted to stay home, but my mother didn't care; she would hit me, so I had no choice but to obey.

I made my first communion when I was eight years old. A few days before I made my communion, my grandfather came to my house, and although my parents were around, he proceeded to molest me. I was planning to tell the priest during my first communion what this man was doing, but I didn't . . . for some reason I couldn't. That night, after we celebrated my first communion, my parents left me sleeping at my grandfather's house. I woke up extremely frightened. I felt his weight on me and extreme pain in my vagina.

He raped me. I was covered with his sweat and semen. I just stared at him, stunned, not knowing what had happened. I screamed at him to get away from me. He told me to be quiet, not to say anything to anyone, and to help him take off the panties of my little sister, who was sleeping next to me. Although I was in pain, afraid, embarrassed, and confused, I frantically woke my little sister up. We immediately ran outside and waited until my mother arrived the following morning.

Soon afterward, I told my oldest sister what had happened and complained to her that my vagina was hurting and itching me. I begged her not to tell my mother. She accused me of liking it, and one day when she was mad at me, she told. My mother asked me if it was true. Not knowing what to do, I told her what happened. She slapped me! She said I was a liar and a pig! My father reacted the same way and claimed his father was incapable of doing such a thing. I couldn't understand my parents' reaction and why they doubted me.

Besides my cousin and grandfather abusing me, others would molest me. I was molested at my school, at church, in the store, and at the doctor's office. As a result of the abuse, I became disobedient and difficult to get along with. It was difficult for me to understand the reasons for my irrational behavior. Despite everything that was going on with me, I decided to go to school and pursue a career. However, it was hard for me to concentrate at school. I kept obsessing about sex; it was hard for me to get it out of my mind.

Later, my family moved to another city where I met my first boyfriend; I was seventeen years old. I believe he was the first one I truly loved. But one year later, he disappeared, and I never saw him again; I didn't know what happened. I later found out he got married. After that, my life changed. I thought love did not exist for me, and because of it, I started dating many men. I didn't care who they were or if they were married. I wanted them to touch me and have sex with me, and if they didn't, I felt unwanted.

I'm not sure if it was life's circumstances or my destiny, but when I was eighteen years old, I started working as a maid for my cousin, the same one who had abused me as a child. His abusive behavior continued. Even if I fought him off, he persisted; he masturbated in front of me and insulted me. I defended myself, but I told no one. One night I got drunk with my girlfriends. I woke up in his bed, naked and wet; I had no idea what happened. When I asked him what had happened, he laughed in my face and insulted me.

After that incident I returned home. I never wanted to see him again; I just wanted to go on with my life, get away from him. A couple of months later, I discovered I was pregnant. I went to him, and of course he didn't want to have anything to do with me and sent me away. I thought about the consequences of my pregnancy and decided to get an abortion; however, at that time, I had no money, and time was passing. When I finally got the money to get an abortion, I was seven months pregnant.

I remember it clearly. It was a small room; they laid me down on a bed, and I immediately fell asleep. I later woke up with my legs opened and a heavy weight on top of me; someone was on top of my stomach pushing down with full force. I felt as though all my insides would come out. At that moment, I was sure I was going to die. At the same time, I heard voices telling me to push and breathe—"It's coming!" I heard knives and scissors. I had no idea what was going on, but I was certain that soon my stomach would be emptied out. After everything passed, the doctor asked me if I wanted to see the baby. I was so full of anger, rage, and disgust I said, "No, I don't want to see it!" I felt so much sorrow when I realized what I had done.

My family later moved close to my cousin. Maybe it was wrong, maybe it went against the rules or fate, but my cousin and I started having an affair. It lasted seven long years. It was nothing more than sex, but it was what I needed and what I had searched for so desperately. He said I was his, and I had to stay with him because only he was capable of loving me. I stayed with him. Although he was married and had children, I didn't care. I missed him when we were not together. He told me he loved me and that his wife had tricked him into marrying her. Every time they had a child, he said it was a mistake or an accident.

I didn't understand my longing for him. I couldn't understand why I was not able to have a decent relationship, why no one loved me, including my mother. Every opportunity she had, she would yell at me and say I was a good-for-nothing; I was useless, a disgrace, and I would never ever be happy. While searching for answers, I took some courses in human relations and in personal development, and that was when I met him. He was a member and a leader of a religious cult. His religious rituals consisted of being enlightened through sex.

We started having sex, and he used me for his sexual enlightenment and practiced his rituals on me. He was later anointed as a religious leader. He promised me I would always be at his side; however, he said no one could ever know we had sex because ejaculating was against the cult rules. If anyone found out, he would not be able to fulfill his dream of one day having his own temple. When I got pregnant, he told me if I had the baby, his dream would no longer exist and his life would be ruined. I felt sorry for him, so I allowed him to take me to have an abortion.

Soon after, he told me to leave him alone because he didn't love me; even his church leaders had told me to stay away from him. I left and returned home sad, embarrassed, and feeling very bad about myself. For many reasons, I felt I didn't deserve anything good because of my low social status, my dark skin color, the abortions I had, and because I was fatherless.I later met another man. He was married but said he was having problems with his wife. I felt my mission in life was to help him. We had an affair, and I ended up pregnant. He left as soon as he found out; I immediately had an abortion. He returned and asked for forgiveness; I took him back. Shortly after, I got pregnant again, and he left, and I again had another abortion.

After each abortion, I would go to church, ask for forgiveness, and continue with my life. I believed I could be a better person, but something was missing in my life, which made it impossible for me to find true love. I decided to make some changes in my life, so when I was twenty-four years old, I decided to focus on a career; I thought that was what I was lacking. At the same time, my mother was in the middle of a child support case against my father. Her attorney did not want to proceed with the case because she could no longer afford to pay his fees. I tried to help my mother by working at the attorney's office in exchange for his legal services. After getting to know the attorney better, I shared with him my dreams of one day having a career.

Later, he started touching my legs and fondling me. He said if I didn't do as he said, he would drop my mother's case, and if I complied, he would pay for my schooling. I accepted. Every time he gave me money for my tuition, I had to perform sexual acts I did not enjoy. Many times I felt like I had had enough of him, but I had to stay because I wanted to complete my schooling. I was so tired of everything, including my situation at home and my mother's abuse. There were times I thought my mother was crazy. She allowed family members to fondle my sisters and me, even when we were in our twenties. The worse part was we just stayed quiet . . . quiet, always quiet. My mother just insulted us, said we were good-for-nothings, we were useless, and we were sluts and would never amount to anything in life.

Finally, when I was twenty-seven years old, I graduated from school, but that wasn't enough to stop my mother from abusing me. One awful day, she hit me, and I hit her back. I yelled terrible things at her. I told her I hated her and swore I wouldn't take it anymore. It was then I decided to come to the United States. Unfortunately, I carried with me all the baggage from my past . . . I couldn't start a new life. When I arrived here, I felt alone, afraid, ashamed, and weak. My family pressured me to get my legal status in order, to do something with my career, to start a family. As a result, I got involved with an American man who was abusive. Although he really didn't care about me, I tried my best to please him. I tried to treat him well in every possible way. I cleaned his house. I cooked for him. I was at his beck and call. When it came to sex, I did my best. I tried everything but nothing, nothing worked. I felt the same way I did when I was back home.

About seven years ago, I had a car accident, and as a result, my depression worsened. I only wanted to sleep, and I didn't want to be in a relationship. I started working in child care, and one night, as I was bathing a child, he started touching his penis. At that moment, I saw my grandfather's face instead of the child's face. All of a sudden, I remembered my long history of sexual abuse, a history I had blocked out for so many years.

Today, I am in individual and group counseling. I learned that the abuse I experienced as an adult was a result of the abuse I experienced as a child. Not only was it from the sexual abuse from my grandfather but also from the abuse from the local storeowner who had inserted his fingers in my sister's and my vagina every time my mother sent us to the store. It also happened with our doctor, who made us grab his penis in order for us to be "cured," and the cousin my mother hired to tutor me, and in exchange, he raped me.

I know one day with counseling, I will be well. I am trying to heal and live life, but every day, I struggle. I'm working hard with my depression, with my weight, with my need to have men pay attention to me, despite the fact that I don't want to have anything to do with any of them. I'm learning how to say no when I want to say no. I know one day I will be well; I don't know when, but I will be well.

I wanted to share my story because I have read stories like mine, some worse and some not as bad. The important thing is that the women in these stories, although it was difficult, were able to go on with their lives. This gives me great hope, and that's what I want to offer by telling my story: hope.

Lessons Learned

Clara suffered the same fate as the other women in this book in that her parents did not believe her. This not believing is very detrimental and harmful for children who are sexually, physically, and emotionally abused by someone. In addition, experts believe the effects of such abuses are worse when the perpetrators are family members or people of authority.[9] In Clara's case, her grandfather, an older relative, and other adults within her community sexually abused her. What made matters worse was that her mother knew about the abuse all along and did nothing.

Self-Esteem

Understandably, Clara's self-esteem was affected by the sexual abuse she experienced. Self-esteem is your opinion of yourself; this opinion is affected by how those in society treat you and/or what they say to you. To put it simply, if you get encouraging comments throughout your life, especially when you are a child, then the response is positive. If you are treated negatively by being physically, sexually, and emotionally abused, then the result can be like the one Clara experienced—destructive. She never felt she was worthy of having someone love her for who she was; her adult relationships depended on someone wanting her for sex and nothing else. However, she felt that serving as a sexual object was what she was good for; that was what she was worthy of and nothing more. Although she felt remorse and asked for forgiveness for having had the abortions, she continued with the abusive relationships because she believed this was a consequence she had to pay in order to be with individuals who made her feel wanted.

The Effects of Child Abuse

It is also important to note that when a child is sexually abused, their rights are violated. In other words, someone is physically violating him or her, and they have no voice or choice in the matter.

They learn they have neither rights nor the ability to stop the abuse, and in essence, they really don't. They don't because someone who is older and should know better is using their power to abuse them. The effect of this is the creation of a sense of helplessness, which is demonstrated when Clara couldn't say no to her cousin, the same cousin who molested her when she was six. In addition, Clara went along with her mother's attorney's advances at first because he had the power to assist her mother in the child support case. Later, the attorney had the monetary ability to assist Clara in obtaining her dream of getting an education. This is an example of how the men in her life had power over Clara and they knew how to use it. Clara did not know how to say no because no one ever taught her how to exercise that right.

Clara now realizes the abuse she experienced made her vulnerable and played a role in the decisions she made, especially in decisions regarding men. She understands this need to be desired by men is not normal; it is unhealthy and is a result of the abuse. Clara has taken the necessary steps to help herself heal from the damage that was caused by those around her. Most extraordinary of all is that this woman, who was once an abused child and used by so many, remains hopeful. Clara has hope and wants to pass that hope on to other women who were, perhaps, once little girls like her, alone in a world, a world that can be so cold and heartless and abusive. Clara wants to give hope.

Clara

Recuerdo que mi mamá nos llevaba de vacaciones a casa de mis tíos donde yo jugaba con mis primas y mis amiguitos y donde unos de mis primos empezó a manosearme.

Mi primo tenía 16 años y yo solo 6, él me manoseaba y a veces me golpeaba, me metía al closet para tocarme todo mi cuerpo y a veces me introducirme objetos en mi vagina. Esto no era todo, no sabía si era peor o mas peor pues mi abuelo paterno aparentemente cariñoso me sentaba en sus piernas y empezaba a tocarme, me levantaba la falda y rozaba con su pene mi cuerpo. A mi me daba un miedo lo que estaba pasando y luego él me decía que si yo avisaba a alguien me regañarían o algo grave me pasaría. Yo sabia que tenía que obedecer pues era mi abuelo, era mi mayor. Yo siempre me rehusaba a ir con mis tios o con mi abuelo, yo me ponía rebelde y gritaba que me quedaría en mi casa pero mi mama sin preguntar el porque solo me golpeaba y finalmente me forzaba a obedecer.

Cuando cumplí mis 8 años hice mi primera comunión y hoy recuerdo que un par de días antes mi abuelo llegó a mi casa y delante de mis padres, él comenzó su rutina. Yo pensé que el día de mi comunión le diría al padre lo que este hombre me estaba haciendo pero no, no paso así, de alguna manera no pude y nadie escucho mi silencio. Esa noche después de festejar mi primera comunión mis padres me dejaron dormida al cuidado de mi abuelo. Esa noche me desperté tremendamente asustada pues sentí un peso tan grande encima y un inmenso dolor en mi vagina.

El me violó. El estaba sudado encima de mí y yo, yo estaba mojada de sus secreciones que solo miraba sorprendida sin entender que era eso. Ahora recuerdo que yo le gritaba y le decía que se largara pero él solo me decía que no le dijera a nadie, que me callara y que le ayudara a quitarle los calzones a mi hermanita, mi hermanita que aun dormía enseguida de mi. Yo en ese momento sentía dolor, miedo, vergüenza y confusión pero desperté a mi hermanita e inmediatamente nos salimos para afuera y ahí en la madrugada esperamos la llegada de mi mamá.

Después de ese día yo le conté a mi hermana mayor lo que había pasado y le dije que sentía dolor y ardor en mi vagina. Le pedí que no le dijera a mi mamá pero ella me acusó que a mi me gustaba lo que el abuelo me hacia y en una ocasión de enojo hacia mi hermana le dijo a mi mamá. Mi mamá me pregunto si era cierto y yo asustada y titubeando le dije lo que pasó y en ese momento me cacheteo, me dijo que era una mentirosa, una puerca y no solo ella me acusó sino mi padre también diciéndome que su padre no era capaz de hacer algo así. Yo no pude entender que fue lo que paso ahí, porque mis padres actuaban así, porque no fueron capaces de siquiera dudar a mi favor o dudar a mi contra.

Aparte del abuso sexual de mi primo y mi abuelo otro más me molestaba sexualmente. Fui abusada en mi escuela, en la iglesia, en la tienda y con el doctor. Con el tiempo también mi rebeldía creció y mi carácter se endureció más, pero solo era un gran defecto mío ni yo misma sabía que había una gran razón por mi irrazonable actitud. A pesar de todo lo que pasaba a mí alrededor yo me forme una idea en mi cabeza y esa era estudiar y tener una profesión. Para mi era difícil concentrarme en la escuela pues el sexo de alguna manera me formo una obsesión en mi cabeza y era muy difícil para mi apartarlo de mi pensamiento.

Con el tiempo my familia y yo nos movimos a otra ciudad y a los 17 años de edad tuve mi primer novio con el que creo que conocí lo que era verdaderamente el amor. Al año, tampoco no supe que pasó, él se desapareció y no lo volví a ver y al tiempo me di cuenta que se casó. Mi vida cambio pues sentí que el amor había desaparecido para siempre de mi vida. A raíz de eso yo empecé a salir con muchos hombres, no me importaban quienes eran, si eran casados o no solo quería que me tocaran y que me llevaran a la cama pues si eso no pasaba sentía que no valía para ellos.

A los 18 años, no se si fue la vida o el destino pero empecé a trabajar como criada en la casa de mi primo el que desde niña me abusaba. El siguió el mismo patrón y aunque yo lo rechazaba él se me aparecía y enfrente de mi se masturbaba y me decía obscenidades esta vez yo no me dejaba abusar pero también esta vez yo que quede en silencio. En una noche que yo estaba con mis amigas empezamos a tomar y a tomar que sin saber como realmente pasó yo amanecí en su cama, desnuda y toda mojada. Cunado le pregunte que había hecho él solo se reía y me insultaba.

Después de esto yo me regrese a mi casa y sin querer volverlo a ver jamás quise seguir mi vida lejos de él pero al par de meses después me di cuenta que estaba embarazada, recurrí a él pero por supuesto me corrió y no quiso saber nada de mi. Pensando en las consecuencias de mi embarazo decidí abortar pero sin dinero el tiempo pasó y arriesgando mi vida casi a los 7 meses finalmente logre abortar.

Recuerdo que fue en un cuarto pequeñito, me acostaron en una cama y de repente me dormí y también de repente me desperté con las piernas abiertas y un peso tan grande en sobre mi, alguien estaba arriba de mi estomago empujando con tanta fuerza que sentía que todo mis adentros saldría en cualquier segundo, ese día sentí la muerte. Al mismo tiempo escuchaba voces que me decían: "solo puje y respire, ya viene", escuchaba también cuchillos o tijeras no se que era lo que sabia es que mi estomago estaría finalmente vació. Cuando esto paso la doctora me pregunto si quería ver que había sido y yo sintiendo solo coraje, rabia y asco le dije que no, que no lo quería ver. Cuando yo empecé a tener conciencia de lo que realmente yo había hecho sentí mucho dolor en mi corazón.

Al poco tiempo mi madre nos llevó a vivir al mismo lugar donde vivía mi primo y de nuevo tal vez yendo contra la corriente de la vida mi primo y yo empezamos una relación amorosa que duro siete largos años. Realmente nos si la palabra amorosa es la correcta porque solo teníamos sexo, nada mas pero a la misma vez eso me hacia mucha falta y lo buscaba desesperada. El me decía que solo él me podría querer después de lo que había pasado entre nosotros, que yo era su mujer, que yo tenia que estar con él. A pesar que él se casó y tuvo hijos a mi no me importó y seguí con él porque él me decía que su esposa lo había engatusado pero que él a la que quería era a mi y que cada hijo que tenia con su esposa era solamente un error o un descuido.

Nunca entendí porque esa necesidad de él. No podía entender porque no podía tener una relación decente, verdadera, porque nadie me podía amar, ni siquiera mi propia madre. En cada oportunidad que tenía ella me gritaba que no servia para nada, que era una inútil, una desgraciada y que nunca seria feliz. En esa búsqueda de respuestas tome unas clases de relaciones humanas y después de superación personal y ahí, ahí fue que encontré a este hombre que era miembro de un grupo, de una secta religiosa. Este hombre era aun líder y sus ritos religiosos consistían en iluminarse a través de la sexualidad. Nosotros empezamos a tener relaciones y él practicaba sus ritos. El me prometía que yo siempre estaría a su lado pero que nadie podía saber que teníamos relaciones porque en las reglas del culto él no podía eyacular porque si eso pasaba él no podría obtener su sueño de ser dueño de un templo. Cuando yo salí embarazada él me dijo que si yo tenia al bebe su sueño ya no existiría mas y que su vida se arruinaría. Yo me sentía mala y sentía pena por él y acepte que me llevara abortar a mi bebe.

Al poco tiempo de esto él me dijo que tenia que entender que él no me quería y hasta sus jefes me dijeron que él no me quería y que me tenía que alejar de él. Yo regrese a mi casa de nuevo triste, avergonzada, con mi autoestima por los suelos. Sentía que no merecía nada por mi estatura, por mi color, por el aborto, por el abandono de mi padre por todo lo que venia acarreando.

Después, de nuevo conocí a otro hombre. El estaba casado pero me decía que tenia problemas con su esposa y sentí que tenia que salvarlo que tal vez esa era mi misión en esta vida. Empezamos una relación y salí embarazada cuando supo me abandonó y yo sin pensarlo aborte de nuevo y de nuevo llegó a mi vida pidiendo perdón y yo lo perdone. No pasó mucho tiempo cuando llegó nuestro segundo embarazo y la historia se repitió, él se fue y yo aborte.

Después de cada aborto que tenia, solo iba a la iglesia, pedía perdón y seguía mi vida. Reflexionaba pensando que tal vez yo no era suficientemente buena que tenia que ser mas buena que algo me hacia falta para encontrar amor en mi vida y decidí hacer cambios. A los 24 años decidí empezar una carrera, pensando que era eso lo que me hacia falta.

En ese tiempo mi madre tenia un caso de manutención en contra de mi papá y el abogado no quería seguir el caso porque mi mamá no podía pagarle mas y yo, tratando de ayudarlo un poco hable con el abogado y le ofrecí mi ayuda en su oficina a cambio de seguir el caso lo cual él aceptó. Poco a poco le empecé a platicar mis sueños de estudiar.

Después de un corto tiempo él empezó a tocarme las piernas, a manosearme y a decirme que si yo no aceptaba lo que él me pedía dejaría el caso pero que si aceptaba él incluso podría pagarme mis estudios y yo acepte. Cada vez que él me daba el dinero para mi estudios me obligaba hacerle cosas sexualmente que a mi no me gustaban. Muchas veces me canse de él pero seguía ahí pues quería terminar mi carrera.

En mi casa también me canse, me canse de todo, me canse del abuso de mi madre, de la situación. A veces llegue a pensar que ella estaba loca, que mi madre estaba loca. ¿Porque otra razón ella permitiría que su familia nos manoseara, nos tocaran en nuestra propia casa en nuestra propia cama a los 20 años o mas?, lo peor es que ni mis hermanas ni yo decíamos nada y permanecíamos ahí . . . calladas siempre calladas. Mi madre solo nos insultaba, nos decía que éramos unas inútiles que no servíamos para nada que éramos unas prostitutas y que nunca llegaríamos a ser nada en la vida.

A los 27 años me gradué, finalmente me gradué pero para mi madre ni eso la paró de abusarme y un mal día me pegó y en esta ocasión como nunca reaccione y le pegué también, le grite tantas cosas, y también le dije que la odiaba y prometí no aguantarle mas. Fue ahí cuando decidí venirme a este país. Desafortunadamente cargue conmigo todo lo que había vivido y no deje de ser yo misma. Aquí me sentía triste, con miedo, con vergüenza, sin valor.

Aquí conocí a un gringo, y la presión de mi familia de agarrar mis papeles, de usar mi carrera, de tener una familia, me metí con él y aunque él no quería nada conmigo yo trate de ser lo mejor para él. Trataba de servirle de los mejor en todos los aspectos; en su casa yo le limpiaba, le hacia comida, lo atendía. En el sexo le hacia lo mejor que yo sabia, en todo me portaba de lo mejor con él pero nada, nada funciono de nuevo. Todo volvía hacer como cuando estaba en mi país.

Hace aproximadamente siete años tuve un accidente en mi carro y a raíz de eso mi depresión aumento, solo quería estar dormida y no quería saber nada de ningún hombre. A los dos años de ese accidente empecé a trabajar cuidando niños y una noche estaba bañando a un niño y se empezó a tocar su pene y por unos segundos pude ver a mi abuelo, le miraba su carita y miraba la cara de mi abuelo, por minutos vino a mi mente toda mi la historia de abuso, esa historia que mi mente había bloqueado por tanto tiempo.

Hoy en día estoy en consejería, individual y grupo. He aprendido que lo que he vivido en mi vida de adulta ha venido a raíz de tanto abuso que pase de niña, no solo la violación de mi abuelo sino el de los señor que atendían la tienda que nos metía los dedos en la vagina o nos tocaba por debajo de la falda a mi y a mi hermana cada vez que mi madre nos mandaba por el mandado o el del doctor que nos hacia que le tocáramos su pene para según él curar nuestro dolor o el primo político que por recomendación de mi madre insistió en ayudarme con mis clases y a cambio de esto él me violo.

Yo se que con mi consejería un día me sentiré bien, Estoy tratando de sanar cada aspecto de mi vida y de vivir mi vida. Hoy lucho diariamente, estoy trabajando muy duro con mi depresión, con mi tristeza, con mi peso, con esa necesidad de la atención de los hombres a pesar de no querer tener nada que ver con ellos ya más. Aun estoy tratando de aprender a decir que no, cuando quiero decir que no. Se que me pondré bien, no se cuanto tiempo pasara pero me pondré bien.

La razón por la cual quiero compartir mi historia es porque yo misma he leído muchas historias como la mía, unas hasta mas tristes o menos tristes. Lo importante de esto es que las mujeres de estas historias han salido adelante y aunque también ha sido muy difícil el camino finalmente lo han logrado, eso me da una gran esperanza y eso quiero ofrecerle a alguien más con mi historia . . . una esperanza.

Lecciones Aprendidas

Clara sufrió la misma calamidad de las otras mujeres en este libro y desafortunadamente sus padres no le creyeron. Esta "incredibilidad" puede ser muy perjudicial y dañina para niños/as que han sido sexual, física y emocionalmente abusados por alguien que ellos conocen. En adición, expertos creen que los efectos de tal abuso son peores cuando el perpetrador es un miembro de familia o gente con autoridad[9]. En el caso de Clara, su abuelo, un familiar mayor y adulto dentro de la comunidad, la abuso sexualmente. Lo peor fue que su mamá sabia del abuso y nunca hizo nada.

Auto-estima

Entendible, el auto estima de Clara fue afectado por el abuso sexual que ella vivió. El auto estima es la opinión de ti misma; esta opinión esta afectada por como la sociedad te trata y/o de que es lo que te dicen. Para ponerlo sencillo, si tu escuchas comentarios emprendedores a través de tu vida, especialmente en tu niñez, entonces la respuesta es positiva. Si te han tratado negativamente siendo abusada física, sexual y emocionalmente, entonces el resultado puede ser igual del que Clara vivió . . ., destructivo. Ella nunca sintió que te tenia valor o tuvo a alguien que la amara por quien ella era; sus relaciones adultas dependían de alguien que la quería por sexo y solo eso. Sin embargo, ella sentía que era para lo que era buena, que eso era lo que ella valía y nada más. A pesar de que sintió remordimientos y pidió perdón por haber tenido varios abortos, continúo porque estas eran las consecuencias que ella tenia que pagar para tener una "relación" con individuos que la hacían sentir querida.

Los efectos del abuso infantil

Es también importante notar que cuando un/a niño/a es abusada sexualmente sus derechos son violados. En otras palabras, alguien esta violándolos físicamente y no tienen ni voz ni opción en el asunto. Aprenden que no tiene derechos o la habilidad de para el abuso y en esencia, realmente no tienen. No tiene, porque alguien que es mayor de edad y debería de esta más conciente esta usando su poder para abusarlos. El efecto de esto es que se crea un sentido de desvalidez que se demuestra cuando Clara no pudo decir "no" a su primo. Este es el mimo primo que la molestó sexualmente cuando ella tenía seis años y el diecisiete.

Entonces, Clara siguió las propuestas del abogado de su mamá, primeramente porque el tenia el poder de asistir a su mamá con el caso de manutención infantil. Después porque el abogado tenia el poder monetario para asistir a Clara con el sueño de obtener una educación. Estos hombres tuvieron algo de poder sobre ella y ellos supieron como usarlo, Clara no sabia como decir "no" porque nadie nunca le enseño como ejercer ese derecho.

Clara se dio cuenta que su abuso la hizo vulnerable y jugo un papel en las decisiones que tomo, especialmente en las decisiones con respecto a los hombre. Entendió que esta necesidad de ser deseada por los hombres no era normal o saludable y que es un resultado del abuso. Clara ha tomado los pasos necesarios para ayudarse ella misma a sanar el daño que causaron los que había a su alrededor. Lo mas extraordinario de todo es que esta mujer que fue alguna vez una niña abusada y usada por muchos, mantiene su esperanza. Clara tiene esperanza y quiere pasar esa esperanza a otras mujeres que fueron tal vez pequeñas niñas como ella, solas en el mundo, un mundo que puede ser frío, sin corazón y abusivo. Clara quiere dar esperanza.

Laura

We lived in the same building. One day, we started talking, and within a short period of time, I was his girlfriend. In the beginning, he made me feel loved and appreciated; I was the center of his world. Perhaps that was the reason I decided to move in with him so quickly. The first weeks we lived together, it felt like being on a honeymoon. But shortly after, things changed, and everything seemed to bother him, even the sound of my voice. He insisted I no longer speak to my friends, who were once my roommates, because he said they were busybodies.

My whole world evolved around him. He never left my side, not for a minute. He always wanted to be with me. I recall the first time he hit me. We were lying together in bed, talking. I was telling him about my college days and how much I enjoyed the days I would *recocha* with my friends (to Laura, who is Colombian, *recocha* means "to hang out with friends"; to Mexicans, *recocha* means "sleeping around"—he was Mexican). No sooner had I finished talking when he raised his hand and hit me in the mouth. He yelled out, "So you like to *recocha*? How many did you *recocha* with?" I was confused. I couldn't understand why he had hit me. At that moment I felt something inside of me die; my love, my hopes and dreams. I also felt so disillusioned. I cried and cried. He later apologized and I . . . I forgave him.

In order to keep tabs on my whereabouts, he spent all his time with me, and because of that, he lost many jobs. While he chose not to work, I worked two jobs; I was pregnant at that time. I was responsible for paying the rent and all the other household expenses. I was forbidden to drive my own car; he drove me to and from work. He said it was wrong and embarrassing for a woman to drive while the man sat in the passenger's seat. He took ownership of my car . . . I never saw my car keys again.

Once, when he was drunk, I asked for my car keys. He got upset and hit me very hard. I was terrified. All I remember is that I kneeled by the bed, trying to protect my stomach; I was five months pregnant then. I was afraid something would happen to my baby. I remember I felt a tremble in my stomach. I will never forget how my baby shook. When he stopped hitting me, he began to cry and said he would never do it again. He claimed he did it because he saw his father hit his mother but said it would never happen again. That was the only time he promised never to hit me again. After that incident, every time he would hit me or screamed at me, the baby shook inside me.

I had no one to talk to; I felt awful and alone. My mother had no idea about the abuse; I couldn't tell her. Every time I would call my mother, he would be on the other line, listening to our conversations. He would be upset about the money I spent on the long-distance phone calls I made to my mother. Little by little, I called her less. Because he was not legally in the United States, he did not have credit, so he made me apply for credit cards. He ran up my credit and told me not to worry about the payments. But I did worry about the credit cards charges accumulating and the payments getting bigger.

When I was pregnant, he'd call me fat and ugly, but when payday came around, I was the most beautiful woman around. I don't know what happened to me. He treated me like garbage or maybe worse, but I still stayed with him. I kept thinking about my baby and kept telling myself I had to stay for the baby's sake. Eleven days before I had the baby, we argued. He hit me; he hit me hard. That day, I called the police, I filed a report, and the police took him away. Within twenty-four hours, he returned home.

After my baby was born, I had no contact with the outside world for almost a year. I was not working at that time, but I received unemployment checks that he cashed. He paid the household expenses with my check, but I didn't get any money, not even for the baby's formula. One night he went out, supposedly to buy baby formula, but he never returned. Meanwhile, the baby cried because she was hungry. At that time I was afraid to venture outside; for the past several months I had been locked up in a cave-like apartment that didn't even have windows. It was depressing. I had no choice but to go out and buy baby formula. I recall I paid with a check that had insufficient funds. Oh my god . . . I remember how hard it was for me to ask for the powder formula. It was as if I didn't know how to speak or I was too afraid to talk. Finally, I bought the formula and quickly made my way back home without looking at anyone because I was even afraid to do that. It was incredible. I can't believe it. I realized then my life couldn't continue that way; my daughter didn't deserve this life.

Every time he got angry, he would hit, kick me, and verbally abuse me. Every time, I tried to prevent the baby from witnessing the abuse. He would hit me even though he knew she could hear everything; there was nothing I could do about it. One day, just when he was about to hit me, I placed the baby in a big chair, and when he gave me the first blow, I managed to turn the chair around so the baby wouldn't see. However, she stood up, and I could hear her scream, "No, Mommy, no . . ." I just begged him to stop because the baby was watching, but he didn't care; he never cared. The expression on my baby's face kept coming back to me throughout the whole day. That day, I started planning my escape.

He worked part-time at the same place where I worked because I had asked my boss to give him a job. One day, I told my coworkers about the abuse and they suggested I get help and leave him. I was sure one day he would kill me, so when he would beat me I thought it would be the last beating. My coworkers were my only source of support. I told them everything. They became my guardian angels.

The last time he hit me was the night I found him on the computer in the living room watching pornography. I got so upset; I told him to have some decency and called him a dirty pervert. I felt so humiliated. I went to my bedroom, and as I lay on my bed, he got on top of me and held me down by kneeling on my arms; I was completely immobilized. I tried to bite him so he would let go of me, but I couldn't move. When he realized I was trying to bite him, he said, "Oh so, you're trying to bite me," and then he bit me on my arm. He bit me so hard I heard something snap and felt as if something was being torn off. Just then, I was able to get one arm loose, so I hit him on the head with an aerosol can that was on the nightstand. This made him angrier. He managed to take the can away from me, and with his knees, he started hitting me on my back. He saw there was blood everywhere; he ran to the bathroom. I didn't know whom the blood belonged to, but my pajamas and the bed were soaked with blood. Minutes later, he said he couldn't believe what we were doing to each other. He said we needed help and we needed to stop hurting one another.

The following day, I went to work, but I had so much back pain I couldn't move. I was taken to the hospital. When we arrived at the hospital, he wouldn't leave my side for one minute. He told me to say the pain was due to a car accident I had experienced a few days prior. When the nurse noticed the bite mark on my arm, very discreetly she asked if I was experiencing domestic violence. I said yes. She immediately took me to a private room where the doctor examined me, and I was given information on domestic violence.

There were many times I tried to leave him. On one such occasion, I left and went to a church because I had no place to go. I told them my husband had hit me and I had nowhere else to go. They gave me a telephone number of a place where I could get help. I was told to call from a public phone. They said maybe someone at that number could help. I found a public phone. I was picked up and taken to a homeless shelter. I was so frightened; I dreaded having to take my daughter to such a place. I didn't know what to do. I called one of my coworkers, and he suggested I go to the police. I went to the police and explained my situation, and they removed my partner from our apartment. I went home, but two days later he returned, and we were back together.

He often threatened he would take my daughter from me, and I was afraid one day he would. Once, when I went to pick up my daughter from the sitter's, I was told that he had already picked her up. I was worried sick; I thought he had taken her for good. When he returned home with my daughter, I asked him never to do that again; he became furious. He said he could do whatever he pleased; at that time, we were driving home. He suddenly stopped the car, pushed me out, locked the car door, and drove off with my daughter. As he pushed me out of the car, not knowing what else to do, I grabbed on to the license plates, and with one pull managed to yank the plates off. I took the plates to the police station and told them he had kidnapped my daughter. The police tracked him down and arrested him, and I got my daughter back; he later returned home.

The beatings continued, and I didn't know what to do, so I asked my mother to come and stay with me. A coworker loaned me the money I needed to pay for my mother's airfare. I hoped she could provide me some emotional support. The day before she was due to arrive, I told him that my mother was coming, and he was very upset. A few days after my mother's arrival, my daughter became very sick. My mother called me at work and told me my little girl was very ill but he didn't want to take her to the hospital. I immediately left work, and my mother and I took my daughter to the hospital. The following day, when we arrived back home from the hospital, we discovered the apartment was empty. He had gone and taken everything . . . everything he could possibly take. He later returned that evening. He banged and kicked the door, yelling, "Laura, open this door . . . I said *open this door*!" My mother and I placed the sofa in front of the door, and my mother sat on it while I called the police but could hardly speak because I was so frightened. The operator could hear he was screaming and pounding at the door; she knew I was in danger. My frightened mother screamed at him to go away, to stop kicking the door, and she told him we were calling the police. It was silent for a few minutes, then all of a sudden, there was a hard knock at the door; this time it was the police. He had apparently left before the police arrived, but the jerk had left flowers at the door, which contained his fingerprints. The police filed a report, and I gave them his license plate number.

Although I had obtained an order of protection, he violated them so many times I was constantly filing police reports and going to court. On one of these occasions, I went to court and told the judge he had sent me three white roses. The judge laughed and asked, "You're filing a report because he sent you flowers?" I felt terrible and didn't know what to say. I explained how he had threatened to kill me, and he knew that in my country white flowers symbolize death. My order of protection was extended . . . thank God.

A short time afterward, with the help of a wonderful person, I was able to rent an apartment and finally live in peace with my daughter and mother. I will never forget the first time I was able to finally take a shower in private after such a long time. From the time I entered the shower, I felt like a different person. I regained my privacy, and I was no longer afraid to close the door and be alone. When I felt the water falling upon my body, it smelled like holy water to me. I felt as if the water were washing away the nightmarish life I had lived. That shower lasted for hours. I felt as if everything bad was being washed down the drain, never to return. I'm not sure if the water or my tears washed my face . . . perhaps it was a combination of both. I couldn't stop crying. My tears carried away the pain, and it will never come back.

I now focus all my energy on my work. Day after day, I try to go forward while taking care of my daughter; she is my inspiration. Today, I still have an order of protection, as well as the courage to keep going. Nevertheless, I still fear that maybe one day he will come back and cause chaos in my daughter's and my life.

Lessons Learned

Red Flags

The fact that Laura's partner was willing to start a relationship with her and have them move in together after only a short period of time of knowing each other was a sure sign of the troubles to come. That was surely a red flag for a potential domestic violence (DV) situation. Of course, this is not to say all relationships with a short dating period end up in DV. It just means there is a need to be cautious when someone wants to get too serious too fast. And in Laura's case, he was not only willing to move in with her but he also demonstrated certain behavior very typical of an abuser. For example, he was very loving at first and then changed shortly after they moved in together; he became very abusive and controlling. This type of behavior makes it very confusing for a survivor, because at first he can be a nice, loving person but later he becomes a mean, aggressive, violent, insulting individual. These immediate changes make it difficult for a survivor to understand the situation and make sense of it all. The change of behavior makes it challenging to leave because the abuser isn't always abusive; there are times he is kind and loving, a perfect partner.

At first, his constant attention toward Laura was welcomed and perhaps quite flattering to her. However, this interest in her soon turned into an obsession. He wanted to stay close to her in order to keep tabs on her . . . in order to control her. His behavior not only restricted her mobility but it also caused great economic hardship. Because he wanted to be with her, he was unable to maintain a job; therefore, Laura was the only one working and paying for the household expenses. It is interesting how he was able to be away from her while she worked; he had no problem with this separation.

Control and Isolation

He was able to control her movements by taking her car away from her and justifying it by saying it was embarrassing for him, a man, to be in the passenger's seat while she drove. This takeover of her car made it necessary for her to rely on him for transportation. His controlling behavior continued when he isolated her from her friends. He claimed he did not like them because they were busybodies. Laura broke contact with them to avoid any arguments. Then he monitored her long-distance calls to her mother and complained about the expense. Even though Laura was the one supporting the household, she had no say in any financial matters. As a result, Laura reduced the number of calls she made to her mother. Although her mother was hundreds of miles away from her, she was still a source of support for Laura. For many Latino or Latina immigrants, it is very important to keep very close ties with their families, either by mail, e-mail, or phone; therefore, it must have been hard for Laura not to talk with her mother. By reducing the number of calls to her mother, Laura's partner was successful in further isolating her and depleting her network of support. In addition to controlling whom she talked with, he used physical force to control her.

Why Men Batter

After the first beating and subsequent beatings, he asked for forgiveness and promised never to do it again. On one occasion, he claimed he had learned his violent behavior from his father who had beaten his mother. Although there is no reason not to believe that this social learned behavior can cause boys to become abusers, there is evidence to show not everyone who witnesses abuse becomes an abuser. Experts say, "When individuals observe a behavior, they learn what those around them consider appropriate." However, critics of the social learning theory argue that not everyone who grew up in a violent home grows up to be violent. One study found that the rate of social learned behavior was only 30 percent among men who witnessed DV at home, implying that two thirds of those who witness or experienced DV did not go on to perpetrate violence.[14] There are many theories about why men batter women, and in Laura's case, it could have been a combination of learned behavior and the fact her partner never suffered any consequences for his abuse. In the beginning of the relationship, Laura never called the police or reported the abuse; therefore, there was no punishment for his behavior, no motivation for him to stop. This is not to say that Laura was responsible for stopping the beatings because she never took action. Ultimately, he was responsible for using violence.

It is important to keep in mind that in cases of DV, there is often more than one reason why batters batter. One cannot, and should not, limit the probability of why a man batters to only one theory; there are many social factors that come to play. For example, men have this sense of entitlement over women. Men acquire this right from society's expectations of their role within a relationship. Men are taught that they should be the "king of the castle"; he should be calling the shots. Another reason may be that historically, violence against women has been accepted as the norm, as the way things have always been. Unfortunately, this belief exists within all cultures. No one is exempted.

DV and Pregnancy

The abuse continued throughout their relationship, even when Laura was pregnant. Unfortunately, Laura's experience with DV during her pregnancy is not unusual. According to experts, DV is gradually being acknowledged as one of the most severe threats to women's health. The Center for Disease Control (CDC) defines domestic violence during pregnancy as "physical, sexual, or psychological/ emotional violence, or threats of physical or sexual violence that are inflicted on a pregnant woman."[15] In a household survey, it was found that pregnant women are 60.6 percent more likely to be beaten than women who are not pregnant. Violence is cited as a pregnancy complication more often than diabetes, hypertension, or any other serious complication.[15]

Economic Abuse

Besides the physical abuse, Laura also experienced economic abuse. As explained in this book, economic abuse can be when an abuser takes away the victim's money, when property and savings are only in his name and he gives her an allowance, etc. (refer to the "Types of Abuse" section for more examples). As we saw with Laura, her partner did not work because he kept getting fired; therefore, she had to work and support the household. However, she did not have a say in how her earnings were spent. In fact, he even denied her money for her basic needs. The justification for this control of the money was he was *el hombre,* the man in the relationship; therefore, he had every right to handle the money.

Economic abuse has been recognized as a major challenge for survivors, so much so that DV governmental resources are being allocated to economic development programs. These programs are designed to help survivors learn how to budget their money, repair their credit, or open a bank account. Laura would have benefited from such a program because her abuser created a financial mess for her. In addition to taking her earnings, he opened accounts in her name, charged them to their limits, and put her in debt. This later created finance setbacks for Laura because, ultimately, she was the responsible party and had to pay the outstanding balances or else have her credit ruined. Many women are unaware of their financial rights that exist while in a relationship. They are less likely to know or exercise these rights while in an abusive relationship.

Staying for the Sake of the Children

As one can imagine, women often stay in abusive relationships for economic reasons. Not having access to money makes it hard to go anywhere. Although Laura worked, she did not have access to her money or her car. Another reason women often stay is because of the children. In many cases, this may be one of the main reasons survivors with children stay in a DV situation. Like Laura, many women feel it is important for their children to have a father. Laura was expecting a baby and felt she had to stay because she wanted her child to have a father.

Latina survivors may often choose to stay with their abusers because they do not want to be like other women they have heard about. They don't want to be a "single American mother" raising a child on their own. They hear stories of how children from single-parent homes end up in gangs, become teenage mothers, run away from home, etc. They don't want their children to be another statistic. Perhaps within their own families, their parents remained married even if the marriage was an unhappy one; therefore, they feel they should stick it out.

In some Latin American countries, divorce is still very taboo and sometimes difficult for women to obtain. Often, in many Latino communities, divorced women are shunned and seen as threats to other Latina women; it is feared that divorced women will take away their men.

Cultural Differences

Finally, another very important cultural note that must be made is the fact that not all Latinos or Latinas are the same. Although Laura and her partner were both from Latin America, he was from Mexico and she was from Colombia; there were cultural differences. For example, there are words and expressions used in the Colombian culture that have a different meaning for Mexicans. Three white flowers in Laura's culture meant death, while for those outside that culture they may seem very harmless or even as a flattering gesture. Although it would be nearly impossible to become aware of all the culture differences that exists within the

Latino/a culture, it is very crucial that advocates and other social service providers understands that differences do exist within the Latino community.

Laura's Current Situation

As for Laura, she now works helping other women who are going through abuse. She lives with both her daughter and her mother. Regrettably, because the abuser has visitation rights, Laura still has contact with him every time he picks up their daughter for weekend visits. She does not completely feel safe because she fears he will try to find ways to create chaos in her life. Sadly, she may always feel this way; this is a reality for many survivors.

Laura

Vivíamos en el mismo edificio, empezamos a hablar y al poco tiempo nos hicimos novios. Al principio él me hacia sentir muy querida, cuidada, atendida, me hacia sentir como el centro de todas las cosas, tal vez fue por eso que decidí vivir con él tan rapidito. Las primeras semanas fueron como de luna de miel, después hasta mi hablar le molestaba. Todo era molestia para el, yo tenia una bonita relación aun con las amigas con las que compartía el apartamento antes de empezar a vivir con el, pero eso lo termino él en un par de semanas, para él o eran unas chismosas o unas metidas.

Todo a mi alrededor empezó a ser solo el, pues él no me dejaba ni un momento, siempre quería estar conmigo. Recuerdo el día que me pegó por primera vez, fue un día que estábamos recostados en la cama platicando, yo le hablaba de mis días de universidad le decía que lo que mas me gustaba de esos días eran la recocha con mis amigos. Recuerdo tan claro que cuando yo termine esa frase fue como que por inercia él levanto su brazo y me pego en la boca muy duro al mismo tiempo que me gritaba: "así con que te gustaba la recocha, pues con cuantos hiciste la recocha". Yo no me explicaba porque me había pegado, todo fue bien confuso sin embargo yo sentí que en ese momento algo en mi murió, la ilusión, el amor, no se no se que fue pero me sentí muy decepcionada y solo me provoco llorar y llorar. Después él me pidió perdón y yo . . . yo lo perdone.

Al poco tiempo él por cuidarme perdía sus trabajos bien rapidito y después de tiempo el opto por no trabajar mas mientras que yo tenia dos trabajos y una barriga porque ya estaba embarazada. Yo me encargaba de pagar la renta y todo lo demás, él solo me llevaba a mi trabajo porque ni mi carro me dejaba manejar decía que no se veía bien que la mujer manejara cuando tenia al hombre a un lado, que para él era una vergüenza y para ese tiempo mi carro paso a sus manos y ya ni las llaves volví a ver.

En una ocasión el estaba borracho, yo le pedí las llaves del carro. El se enojo y me pego, me pegó tan duro que sentí un miedo terrible. Todo lo que recuerdo es que me arrodille en un lado de la cama, tratando de protegerme la barriga, ya tenia cinco meses de embarazo y pues tenia miedo que algo le pasara a mi bebe. Recuerdo bien clarito que mi barriga se movió enterita . . . mi bebe se estremeció, nunca lo pude olvidar porque después de ese día sentía su estremecer cada vez que él me pegaba o que tan solo me gritaba. Después que su ira bajo y dejo de pegarme él empezó a llorar y me dijo que ya no lo volvería a hacer, que tal vez lo hacia porque él siempre vio a su papá pegándole a su mamá pero que ya no pasaría mas. Esa fue la única vez que él me dijo que no lo volvería a hacer.

Yo me sentía muy mal, muy sola, no tenía apoyo de nadie, mi mamá no sabia del abuso, yo no le podía decir. Cada vez que yo le hablaba a mi mamá, él estaba en el otro teléfono escuchando claramente lo que yo hablaba, a él le enojaba que yo invirtiera en las llamadas a mi mamá y poco a poco deje de llamarle frecuentemente. También poco a poco me fue pidiendo tarjetas de crédito y todo a mi nombre pues él no tenia sus papeles en regla. Recuerdo que empezó a cargar las tarjetas de crédito y me decía que no me preocupara de los pagos. Pero yo me preocupaba pues los cargos se acumulaba y los pagos llegaban cada vez mas grandes.

Yo recuerdo que cuando estaba embarazada, él me decía que me veía gorda y fea pero cuando el día de pago se acercaba para él yo era la mas bonita de las mujeres. No se que fue lo que me pasó pero él me trataba como una basura o poco menos que eso, lo peor es que yo seguía ahí, yo pensaba en mi bebe, yo decía que por mi bebe no me podía ir. Unos días antes de tener a mi bebe empezamos a discutir y me pegó, me pegó bien duro. Ese día yo llamé a la policía e hice el reporte, ellos se lo llevaron. A las 24 horas él ya estaba de regreso en la casa.

Cuando mi bebe nació, yo no mire el mundo como por un año, él recibía mi cheque de desempleo pues en ese tiempo yo estaba sin trabajar, él hacia los pagos con ese dinero y a mi no me daba ni para la leche de la niña. Una noche él salio, según él a traer la leche de la niña pero no regresaba y la niña lloraba pues tenia hambre. En ese tiempo a mi me daba medio hasta salir a la calle pues por los últimos siente meses solo me la había pasado encerrada en ese hueco sin ventanas, era tan deprimente. Esa noche no me quedo otra nada mas que salir por la leche de la niña, recuerdo que la pague con un cheque sin fondos. ¡Hay, Dios mío! . . ., recuerdo también que hasta para pedir la leche en polvo se me hacia duro, era como si no pudiera hablar o me diera miedo hacerlo. Cuando finalmente la compre me regrese rapidito sin mirar a nadie pues hasta eso me daba un temor, fue una cosa increíble, hoy en día no lo puedo creer. Ese fue el día que empecé a pensar que mi vida no podía seguir así, que la niña no merecía eso.

Cada vez que él estallaba eran golpes, patadas verbalmente siempre me maltrataba pero cada vez que me pegaba yo trataba que mi bebe no mirara y me daba un pesar saber que ella escuchaba todo y yo no podía hacer nada para evitarlo. Un día que me iba a empezar a pegar yo había puesto a la niña en un sillón grande que teníamos y cuando él me dio el primer golpe alcance a voltear el sillón para que la niña no mirara pero ella como si supiera se quería parar y yo escuchaba sus gritos como diciendo: "no mami no, no . . ." Yo angustiada mas que con dolor le implorara que parara que la niña lo estaba viendo pero a él no le importaba . . ., nunca le importo. Ese día, todo el día el recuerdo de la expresión de mi niña no me dejó ni un momento y ahí fue cuando empecé a planear como irme.

En ese tiempo él tenia un trabajo de tiempo parcial en el mismo lugar donde yo trabajaba pues le había pedido a mi jefe que le diera trabajo, ahí él me celaba con todos hasta con una compañera. Recuerdo que finalmente yo les platique a mis compañeros y ellos me aconsejaban que lo dejara, que fuera a pedir ayuda. Muchas de las ocasiones que el me golpeó yo sentía que me quitaba la vida, que esa era la última golpiza que me daría porque sentí morirme cada vez. Mis compañeros para mi eran mi único apoyo, finalmente le había contado todos lo que me pasaba y ellos se me volvieron como mis ángeles.

Una de las ultimas veces que él me golpeó muy duro fue cunado lo encontré en la sala viendo pornografía. Yo me enoje tanto que en ese momento le pedí que respetara, que él era un depravado y un sucio, yo me sentí tan indignada, que si me exalte un poco. Cuando me regrese a la cama a dormir, él me siguió y al yo acostarme se subió arriba de mí, me puso sus rodillas en mis brazos inmovilizándome por completo, yo trataba de morderlo para que me soltara pero no podía moverme, cuando se dio cuenta que yo quería morderlo él me dijo: "!ha si!, con que quieres morderme verdad . . ." y luego me mordió en el brazo tan duro que hasta tronó y sentí que algo se me despegó. En ese momento yo pude sacar mi otro brazo y alcancé un bote de aerosol que esta en el buró de la cama y le pegue en la cabeza, él me lo quito y mas enojado aun me pegaba duro en mi espalda con sus rodillas. Cuando él miro la sangre que estaba en todas partes se levantó y corrió al baño, en realidad no sabía si era la mía o la de él pues mi pijama y la cama también estaba llena de sangre. Minutos después me decía que no podía creer lo que nos estábamos haciendo que necesitábamos ayuda y que paráramos de hacernos daño. Al día siguiente yo me fui a trabajar, cuando y ya en el trabajo me dio un dolor en la espalda que no me dejó moverme mas y me tuvieron que llevar al hospital, cuando llegamos ahí él no me dejó ni un momento, me decía que dijera que el dolor lo había ocasionado un golpe que me había dado un carro días antes. Cuando la enfermera me vio el mordisco en el brazo discretamente me pregunto si era violencia domestica y yo le dije que si, ella inmediatamente me pasó a un cuarto privado donde el doctor me revisó y me dieron información de violencia domestica.

En un par de ocasiones yo intente irme, en una ocasión yo me salí y como no tenia a donde ir me dirigí a una iglesia, les dije que mi esposo me había pegado y que yo no tenia a donde ir, ellos me dieron un numero de teléfono y me dijeron que llamara de un teléfono publico que tal vez ellos me podrían ayudar. Busque un teléfono publico y hablé, ahí me dijeron que me fuera a un hospital que de ahí me recogerían pero al llegar ahí sentí tanto miedo. El refugio al que me llevarían era de indigentes y yo temía llevar a mi niña a un lugar como ese. No sabia que hace y le llame a un compañero de trabajo, él me sugería ir a la policía. Yo fui a la policía explique mi caso y ellos lo sacaron del apartamento, yo me fui ahí de nuevo. El regresó a los dos días después y seguimos juntos de nuevo.

Después de tiempo mi miedo era que él me quitara a mi niña pues me amenazaba frecuentemente con lo mismo. Un día yo fui a recoger a mi niña con la tía de él pues él había decidido que ella la cuidaría y cuando llegue la tía me dijo que él ya la había recogido, yo me preocupe tanto que hasta físicamente me sentí mal pero que hacia yo estaba sola aquí, sin apoyo de nadie. Al poco rato llegó con la niña en brazos y nos fuimos a la casa. Camino a la casa yo le pedí que no hiciera eso de nuevo y él enfurecido me dijo que él podía hacer lo que se le viniera en gana, paró el carro me sacó de un empujón y puso seguro en el carro llevándose a la niña con el, cuando me saco del carro casi por inercia sin saber que hacer jale la placa del carro y no se como pero la arranque de un solo jalón, la lleve a la policía y les dije que me habían robado a la niña, lo siguieron, lo arrestaron y la recupere, pero él regresó también mas tarde.

Los golpes siguieron y yo sin saber que hacer le pedí a mi mamá
que viniera poco después un compañero de trabajo me presto
dinero para traer a mi mamá de mi país y pudiera yo tener un
apoyo. Un día antes de recoger la yo le dije a él y se molestó
mucho pero aun así mi mamá llegó. Un par de días después que
mi mamá llegó, la niña se enfermo muchísimo, yo estaba en el
trabajo cuando mi mamá me habló para decirme que él no quería
llevar la niña al hospital pero que la niña estaba muy mal. Yo me
fui inmediatamente y llevamos a la niña al hospital. Al siguiente
día que salimos del hospital con la niña y llegamos al apartamento,
esta vacío él se había ido y se había llevado todo, todo lo que pudo.
Ese día mi mamá sugirió que pusiéramos un sillón en la puerta por
si él regresaba. Mi mamá puso el sillón y en ese preciso momento
empezamos a escuchar los golpes en la puerta, gritando: "Abre la
puerta, que abras la puerta". Mi mamá se sentó en el sofá que había
colocado en la puerta segundos antes. Mi mamá empezó a pedirme
que hablara a la policía y yo corrí al baño con mi celular y hable a la
policía, yo casi ni podía hablar pero como pude desesperadamente
le dije que mandaran a alguien que él estaba apunto de quebrar la
puerta. La persona que me atendió escucho que él estaba pateando
la puerta y que gritaba puras groserías, ella supo que yo estaba
en peligro. Mi mamá asustada le gritaba que se fuera que parara
de patear que ya estábamos hablando a la policía. Pasaron unos
minutos de silencio y de repente tocaron bien duro la puerta otra
vez, esta vez era la policía. Cuando ellos llegaron él ya se había ido
pero el descarado había dejado unas flores en la puerta y también
sus huellas. La policía hizo el reporte otra vez.

Después que por primera vez yo saque la orden de protección él la
quebró muchas veces de mil maneras y yo continuaba haciendo
reportes y asistiendo a corte. Recuerdo que en una ocasión ya en
corte frente a la juez yo estaba reportando que él me había enviado
tres flores blancas y la juez, riendo, me pregunto: ¿como es que estas
poniendo un reporte porque él te envió flores? yo me sentí muy mal
y sin saber exactamente que contestar solo le explique que él me
había amenazado de muerte en repetidas ocasiones, que las flores

blancas significan muerte en mi país y que él lo sabia. Finalmente me extendieron la orden de protección y di gracias a Dios por eso.

Al poco tiempo con la ayuda de una gran persona logre rentar un apartamento y finalmente estuve tranquila con mi niña y mi mamá. Nunca me olvidare del día que por primera vez en muchísimo tiempo yo tome un baño, desde que entre al baño sentí que era otra persona la que entraba, había recuperado mi privacidad, hoy podía cerrar mi puerta sin miedo aun estando sola. Cuando sentí en mi cuerpo el agua, sentí que olía a agua bendita, sentí que el agua me quitaba esa vida de pesadilla que había vivido. Recuerdo que ese baño duro un par de horas, sentí que todo lo malo se iba por el resumidero para no volver jamás. No supe si el agua o las lagrimas enjuagarón mi cara pero si estoy segura que fue una combinación de las dos pues no paraban de llorar, mi ojos se despedían de ese llanto que no regresaria ya mas.

Ahora enfoco toda mi energía en mi trabajo, día a día trato de salir adelante sin descuidar a mi hija pues ella es lo que mueve mi vida. Hasta hoy tengo la orden de protección en contra de él y la fuerza para seguir adelante pero también el miedo al pensar que él pueda, algún día, regresar a perturbar la vida de mi hija.

Lecciones Aprendidas

Señales de alerta

El hecho de que el compañero de Laura estaba dispuesto a empezar una relación y moverse con ella para empezar a vivir juntos después de un corto tiempo de haberse conocido, fue una mala señal. Ciertamente fue una alerta roja para una potencial situación de violencia domestica (VD). Claro que no significa que todos los noviazgos cortos finalizan en VD. Solo que es necesario tener precaución cuando alguien quiere formalizar tan rápido. En el caso de Laura, él no solamente estaba dispuesto a moverse con ella sino que mostraba ciertas conductas características muy típicas de un abusador. Por ejemplo, él era muy amoroso al principio de la relación y poco después de moverse con ella; él se volvió muy abusivo y controlador. Este tipo de conducta es muy confusa para la sobreviviente porque primero es lindo y amoroso y después se vuelve un malo agresivo, violento y grosero individuo. Con estos cambios tan repentinos es muy difícil que la sobreviviente entienda la situación o el sentido de la misma. El cambio de conducta complica la decisión de irse pues el abusador no siempre fue abusivo, algunas veces fue amable y amoroso.

Al principio, su constante atención hacia Laura fue bienvenida y tal vez muy halagadora par ella. Sin embargo, este interés en ella se turno en una obsesión queriendo estar cerca de ella para poder mantenerla cortita . . ., para poder controlarla. Su conducta no solamente causo restringirla de su libertad sino también le causo un daño económico, porque al querer estar siempre con ella, él perdió muchos trabajos; y consecuentemente, Laura era la única que trabajaba y la que pagaba todos los gastos del hogar. Es interesante como él pudo estar lejos de ella cuando trabajaba. Pareciera que él no tuvo ningún problema con esta separación.

Aislamiento y control sobre su paradero

El pudo controlar sus salidas pues el manejaba su carro con la excusa de que era una vergüenza para él, el hombre, ir sentado en el asiento del pasajero mientras que ella manejaba. El "encargarse" de su carro hacia necesario que ella dependiera de él para transportarse. Su conducta de control continúo cuando la aisló de sus amigas argumentando que no eran de su agrado y que eran unas metiches. Laura cortó todo contacto con ellas para evitar cualquier problema. Después, el monitoreaba las llamadas de larga distancia que tenia con su mamá y se quejaba del gasto que producían. A pesar de que Laura era la que pagaba todos los gastos en el hogar no tenía derecho a opinar. Como resultado, ella redujo la cantidad de llamadas que le hacia a su mamá. A pesar de que su mamá estaba cientos de millas de retirada era aun una fuente de apoyo para Laura. Para muchos Latinos/as inmigrantes es muy importante mantener una cercana conexión con sus familias, ya sea por correo y/o llamadas telefónicas; por lo tanto, debió de ser muy duro para Laura no hablar con su mamá tan seguido como lo hacia en el pasado. El haber reducido la cantidad de llamadas que le hacia a su mamá, la pareja de Laura siguió logrando aislarla y reduciendo su fuetes de apoyo. Aparte de controlar con quien hablaba, él uso fuerza física para controlarla.

Porque los hombrea abusan

Después de la primer golpiza y muchas golpizas más, él le pedía perdón y le prometía que jamás lo haría de nuevo. En una ocasión le dijo que su conducta violenta la había aprendido de su padre, quien golpeaba a su mamá. A pesar de que es una razón para creer que una "conducta social aprendida" puede causar que los niños lleguen a ser abusadores, hay evidencia que muestra que no todos lo que son testigos de abuso llegan a ser abusadores. Expertos dicen, *"Cuando individuos observan una conducta, aprenden lo que para los que están a su alrededor consideran apropiado"* Sin embargo, críticos de la teoría de aprendizaje social argumentan que no todos los que se crían en un hogar de violencia llegan hacer violentos. En una investigación se encontró que el porcentaje de conducta social aprendida fue solo el 30%, implicando que dos tercios de la gente que son testigos o sufren violencia no llegan a perpetuar violencia [14].

Hay muchas teorías en porque el hombre abusan a la mujer y en el caso de Laura puede ser una combinación de "conducta aprendida" y el hecho de que su pareja nunca sufrió ninguna consecuencia de su abuso. Al principio de su relación Laura nunca llamó a la policía ó reporto el abuso ó hizo que lo arrestaran; por lo tanto no hubo castigo por su conducta, ni motivación para que parara el abuso. Esto no quiere decir que Laura es responsable de parar los golpes porque nunca hizo nada. Ultimadamente, él fue el responsable de usar la violencia. Es importante recordar que en casos de violencia domestica frecuentemente hay mas de una razón para los abusadores abusar. No podemos y no debemos limitar nuestro enfoque solo a una teoría; hay muchos factores que intervienen cuando el abusador abusa a la mujer.

Embarazo y VD

El abuso continuó durante toda la relación, hasta cuando Laura estaba embarazada. Desafortunadamente, la experiencia que paso Laura con violencia domestica durante su embarazo no es inusual. De acuerdo a los expertos, la violencia domestica gradualmente se esta reconociendo como una de las mas severas amenazas para la salud de la mujer. El Centro de Control de Enfermedades (CDC) define la violencia domestica durante el embarazo como *"Violencia física, sexual, o sicológica/emocional o amenazas de violencia física o sexual que es inducida en una mujer embarazada"* En una encuesta de casa se encontró que las mujeres embarazadas son el 60.6% mas propensas de ser golpeadas que las mujeres que no están embarazadas. La violencia se encuentra como la complicación mas frecuente en el embarazo que la diabetes, hipertensión o cualquier otra complicación seria[15].

Abuso Económico

Aparte del abuso físico Laura paso por otras formas de abuso, abuso económico. Como aprendimos en la introducción de este libro, abuso económico puede ser cuando el abusador le quita todo su dinero, cuando tiene propiedades y ahorros en su nombre solamente, cuando le da por partes o un poco solamente, etc. (vea tipos de abuso para más ejemplos). Como vimos en el caso de Laura, su pareja no trabajaba pues lo despedían muy frecuente, por lo tanto, ella tuvo que trabajar para mantener la casa. Sin embargo ella no podía opinar de cómo se gastaba el dinero. De hecho él le quitaba todo su sueldo y no le daba ni siquiera para las necesidades básicas. La justificación que él usaba era que él era "el hombre" de la relación, por lo tanto él administraba el dinero.

El abuso económico ha sido reconocido como el mayor reto para las sobrevivientes a tal grado que recursos gubernamentales han sido colocados para programas de desarrollo económico. Estos programas son diseñados para ayudar a los sobrevivientes aprender como presupuestar su dinero, reparar su crédito o abrir una cuanta bancaria. Laura se beneficiaria de este programa su abusador creo un desastre financiero. El no solo le quitaba el dinero sino que le creo problemas en su crédito. El abrió tarjetas de crédito a nombre de Laura y las cargó hasta el límite creándole una gran deuda a Laura. Mas tarde, esto le creó a Laura retrasos financieros porque ella era responsable por esas cuentas y pagaba los exuberantes balances o su crédito se arruinaba. Muchas mujeres desconocen los derechos que tienen en las finanzas cuando están en una relación, mucho menos los conocen o los ejercen cuando están en una relación de abuso.

Quedarse por el bien de sus hijos

Como pueden imaginar, las mujeres frecuentemente se quedan en una relación abusiva por razones económicas. Al no tener acceso al dinero es más difícil ir a cualquier parte. Aunque Laura trabajaba no tenia acceso a su dinero, crédito en su nombre o a un carro. Sin embargo hay otras razones por las cuales las mujeres se quedan. Frecuentemente, muchas mujeres se quedan por sus hijos. De hecho, diría que esta es la razón principal por la cual sobrevivientes con hijos se quedan en una situación de violencia domestica. Como Laura estas mujeres sienten que es importante para sus hijos tener un padre. Laura estaba esperando un bebe y sentía que tenia que quedarse porque quería que su niña tuviera un padre. Frecuentemente, sobrevivientes latinas deciden quedarse con el abusador porque no quieres ser como otras mujeres. Ellas no quieres ser una "madre- Americana-soltera" criando a su hijo/a sola. Ellas escuchan historias de cómo hijos de padres solteros terminan en gangas, embarazadas en su adolescencia, se van de la casa, etc. Ellas no quieren que sus hijos sean otra estadística. Ellas han visto como sus propios padres mantienen su matrimonio a pesar de no ser un matrimonio feliz . . . eso no es relevante. De hecho en algunos países Latino Americanos el divorcio es un tabú y algunas veces es difícil de obtener para las mujeres Frecuentemente en muchas comunidades latinas las mujeres divorciadas son una vergüenza y frecuentemente son vistas como una amenaza para otras mujeres; ellas temen que las mujeres divorciadas le puedan quitar a sus hombre.

Diferencias culturales

Finalmente, otro muy importante punto cultural que se debe de hacer es que no todos los Latinos/as son iguales. A pesar de que Laura y su pareja son latinos, él es de México y ella es de Colombia, había diferencias culturales. Por ejemplo, había palabras y expresiones que usan en la cultura Colombiana que tienen diferente significado en la cultura Mexicana. Tres flores en la cultura de Laura significan muerte, mientras que en otras culturas puede parecer un gesto muy indefenso o hasta algo halagador. Sin embargo seria casi imposible llegar a conocer todas las diferencias culturales que existen dentro de la cultura Latina, es muy crucial que abogadores y otros proveedores de servicios sociales entiendan que las diferencias existen dentro de la comunidad Latina.

Situación actual de Laura

Laura esta trabajando en ayudar otras mujeres que están pasando por abuso. Ahora ella vive con su mamá y su hija. Desafortunadamente, ella todavía tiene contacto con su abusador por su hija, él recoge a su hija los fines de semana de visitaciones. Ella no se siente completamente segura pues teme que él encuentre la manera de crear caos a su vida. Tristemente, tal vez nunca se sienta completamente segura. Esto es un hecho para todas las mujeres que han dejado a sus abusadores.

Reader's Resources

What Is Domestic Violence?

Domestic violence (DV) is a pattern of behavior committed by one person against another with the goal of exerting and maintaining power and control in a dating (including same sex relationship), family, or household relationship. It can manifest itself in physical, psychological, emotional, economic, sexual, or social abuse. It is perpetuated by society's failure to name this abuse as wrong. Although DV is against the law, it is widespread and a serious issue in the United States. Conservative estimates say that every nine seconds, a woman in the United States is assaulted or beaten by her current or ex-partner. According to the United States Department of Justice, every year, three million women are physically abused by their husbands or boyfriends. Every day in the United States, more than three women are murdered by their husbands or boyfriends. Although DV happens to men, statistically and historically, women have represented the majority of DV victims. As per experts in the field, 95 percent of the victims of DV are women abused by men. However, that is not to say that DV does not exist within same-sex relationships. While there are few studies in this area, it is believed that DV is as prevalent in same-sex relationships as it is in heterosexual relationships.

Red Flags!

None of the women in this book set out to get involved with an abuser, but there were factors that made them vulnerable in getting involved with one. In hindsight, one could say there were signs that could have been seen as red flags of what would come next. The following are red flags, things to look out for when assessing if you are with an abuser. Of course, as every victim is different, so is every abuser. He is different and unique, and he may not always show signs of his abusive behavior. Although these are not all of the red flags, they are the ones most commonly seen in the DV field.

Your partner

- immediately wants to start a serious relationship with you (within a few months, weeks, or even days after meeting you);
- expects you to spend all your time with him/her—he/she is the center of your world;
- wants you to "check in" and let him/her know where you are—extreme concern about your whereabouts;
- acts extremely jealous and/or possessive of you;
- constantly checks up on you to make sure you are where you say you are;
- isolates you by controlling where you go and who you see and talk to;
- has an opinion about what you wear—wants you to dress provocatively or very conservatively;
- sometimes treats you with disrespect and puts you down;
- puts down your friends and family and discourages you from associating with them;
- makes fun of your dreams, ideas, and/or goals;
- loses his/her temper frequently over little things—picks fights over nothing;
- makes you worry about your safety;
- makes you feel as if you are walking on eggshells;

- makes threats to hurt you, your family, your friends, your coworkers, or your pets;
- makes threats to leave you;
- destroys your property;
- threatens to commit suicide if you leave him/her;
- plays mind games with you and makes you second-guess yourself;
- makes you feel guilty;
- refuses to take responsibility for his/her actions; and
- blames you, drugs or alcohol, his boss, his parents, etc., for his behavior—it is never his/her fault.

Types of Abuse

Domestic violence (DV) includes a wide range of abusive behaviors where one individual tries to have power and control over another person. The abusive behavior may be demonstrated verbally, physically, economically, psychologically, or sexually. DV is a pattern of controlling acts and is never just one separate incident or type of abuse. The violence may cause physical injury but not always. Types of abuse include the following:

Physical Abuse

Physical abuse is probably the first type of abuse people think of when they hear domestic violence. This type of abuse can be directed toward you or anyone you care about, including your pets. Aggressive physical contact should always be considered abusive and serious, even if it doesn't cause bruises or permanent damage.

Some examples of physical abuse include

- scratching, biting, grabbing, spitting, pinching, or pulling hair;
- shoving and pushing;
- slapping, punching, or kicking;
- throwing objects to hurt or intimidate you;

- destroying possessions (like your passport, debit card, etc.) or treasured objects (like your child's pictures, family heirlooms, etc.);
- disrupting your sleeping patterns by waking you up and picking a fight in the middle of the night;
- burning you with cigarettes;
- strangling you; and
- attempting to kill you.

Emotional/Psychological Abuse

Emotional or psychological abuse is any behavior, verbal or nonverbal, that your partner exhibits to control you and/or harm your emotional well-being. Some examples of emotional abuse include

- name-calling and/or mocking you, especially when targeting things you're very sensitive about;
- intimidating you when he/she is upset;
- yelling at you;
- making humiliating remarks or gestures;
- attacking or threatening to attack you with a weapon (remember, anything can be used as a weapon!);
- manipulating your children;
- telling you what to do and/or where you can and cannot go;
- hurting or threatening to hurt your children and/or pets;
- placing little value on what you have to say;
- interrupting you, changing topics, and not listening or responding to you;
- twisting your words;
- putting you down in front of other people;
- saying negative things about your friends and family;
- preventing or making it difficult for you to see friends or relatives;
- cheating on you;
- being overly jealous;

- shifting responsibility for abusive behavior by blaming others or blaming you; and
- monitoring your phone calls, texts, and car and/or computer use.

Economic Abuse

Money is often a tool that abusers use to establish absolute control in their relationships. An abusive partner might take all measures to ensure that you are entirely financially dependent on him/her. By doing this, he/she can prevent you from leaving the relationship and make you feel like you do not have any power or a say in what happens within the relationship.

Some examples of economic abuse include

- denying you access to funds;
- having all the bank (savings and checking) accounts in his/ her name;
- making you account for every penny spent by demanding receipts for all purchases;
- putting all the bills or credit cards in your name, which makes you financially responsible for the all the debts;
- ensuring that major assets (like the house and car) are not in your name;
- demanding that you give him/her your paychecks, unemployment checks, or public-aid checks;
- interfering with your work—picking a fight with you before you leave for work so that you are upset, or gets you fired by constantly making you late for work, or harassing you (or your coworkers) at work;
- not letting you get a job; and
- taking your car keys or otherwise preventing you from using the car.

Sexual Abuse

Sexual abuse is any sexual encounter that happens without your consent. We often talk about rape and other forms of sexual assault as something that only strangers commit; all forms of unwanted sexual advances are equally wrong within intimate relationships. Being in a relationship (marriage, civil union, or cohabiting), for no matter how long a period, does not ever give your partner the right to sexually abuse you or demand any kind of sexual activity that you do not want to participate in.

Some examples of sexual abuse include

- unwanted touching;
- rape—actual or attempted, unwanted vaginal, oral, or anal penetration by an object or body part;
- forcing or manipulating you into doing unwanted, painful, or degrading acts during sexual intercourse;
- taking advantage of you while you're drunk or otherwise not likely to give consent;
- denying you contraception or protection against sexually transmitted diseases or pregnancy;
- sabotaging your birth control method;
- taking any kind of sexual pictures or film of you without your consent;
- forcing you to perform sexual acts on film or in person;
- threatening to leave you if you refuse sex;
- making you have sex with other people while he/she watches;
- making you have sex with others for money; and
- coercing you to have sex so he/she will stop arguing with you.

Verbal Abuse

Verbal abuse is another form of emotional abuse, which involves the use of language. Through verbal abuse, your partner can intentionally say things that can hurt your feelings or make you feel afraid.

Some examples of verbal abuse include

- name-calling (calling you stupid, a bitch or whore);

- criticizing you;

- publicly humiliating you by either starting an argument with you in public or yelling at you;

- put downs;

- swearing;

- making a scene in public (calling attention to himself); and

- making fun of you, mocking you.

The Cycle of Violence

This is the pattern of violence most typically seen in domestic violence (DV).

The tension-building stage is when the abuser criticizes you, picks fights with you, is annoyed by whatever you say, etc. You feel like you are walking on eggshells during this stage. You do everything in your power not to get him/her upset or angry.

Next comes the explosion stage, which is the actual abuse (emotional, physical, etc.). The abuser hits you, rapes you, takes your money away, etc.

Finally, there is the honeymoon stage (change-of-tactics stage). It is during this stage that the abuser asks for forgiveness, promises that he/she will never hit you again, says he/she will go to counseling, etc. His/her control tactics change; he/she does not use violence to control you. He/she tells you what you want to hear and makes promises to give you hope that things will change and get better. However, not all abusers use these tactics; some resolve to use more violent acts to control you and to keep you in the relationship. He/she threatens to hurt you, take away your children, or even kill you if you leave. However, the cycle remains the same.

Safety Plan

It is always a good idea to have a safety plan in the event that one day you plan to leave your abuser. The following is a list of items you should include in your safety plan. However, there are many types of safety plans, such as safety during an explosive incident, safety in your home, etc. For these and other safety plan examples, visit New Hope for Women website at http://www. newhopeforwomen.org/safetyPlan.php.

When planning to leave,

- open a checking and/or savings account in your own name—this will help you establish a financial identity and have access to your money in case of an emergency;
- rent a post office box or ask a friend for permission to use his/her mailing address to receive any mail, which may not be safe to receive at home;
- make copies of important documents (marriage license, birth certificates, medicine prescriptions, etc.) and keep them in a safety-deposit box with a trusted friend or with your counselor (if applicable);
- leave money, an extra set of keys, and extra clothes in a safe place with someone you trust so you can leave quickly;
- determine who would be able to let you stay with them or provide transportation to a domestic violence shelter;
- keep your local domestic violence hotline number close at hand at all times in case of an emergency (the national domestic violence hotline is 1-800-799-SAFE (7233) or TTY 1-800-787-3224); and
- become familiar with the location of your nearest police or fire station or hospital. In some cases, they may be able to call a domestic violence shelter for you.

After You Leave

It is important to remember that leaving the abuser may not necessarily stop the abuse. Remember, an abuser wants to have power and control over you, and when you leave, you will have taken that power away from him/her. Therefore, an abusive partner might be persistent and inappropriately insist on having contact with you even when you make it clear that you don't want any type of interaction. This is considered part of the abuse; this is stalking and harassment. If you have an order of protection, it is important that you immediately report and document this behavior to the authorities.

<u>Stalking and harassment can be the following:</u>

- Making unwanted visits at your home or place of work
- Sending you unwanted messages (over the phone or computer, with your children, etc.)
- Following you, checking up on you constantly
- Embarrassing you in public by making a scene
- Refusing to leave when asked

Recursos del Lector

¿Que es Violencia Domestica?

Violencia Domestica (VD) es un patrón de conducta hecho por una persona en contra de otra con el objetivo de obtener y mantener el poder y el control en un relación de noviazgo (incluyendo relaciones entre el mismo sexo), de familia o relaciones entre miembros de una misma casa. Este patrón se puede manifestar en abuso físico, psicológico, emocional, económico o social. Es perpetuado por el fracaso de la sociedad en no nombrar el abuso como algo malo.

A pesar de que la violencia domestica es en contra de la ley, es muy común y un tema muy serio en los Estados Unidos. Un estimado muy conservador dice que cada 9 segundo, una mujer es asaltada o golpeada por su actual o ex-pareja. De acuerdo al Departamento de Justicia de los Estado Unidos, cada año 3 millones de mujeres son abusadas por sus esposos o novios. En Estados Unidos mas de 3 mujeres son asesinadas por sus esposos o novios diariamente.

Aun que los hombre pasan por violencia domestica, estadística e históricamente, las mujeres ha representado la mayoría de las victimas de la misma. Para los expertos en el área, el 95% de las victimas de VD son mujeres abusadas por hombre. Sin embargo, no significa que la VD no existe en relaciones entre el mismo sexo. A pesar de que hay pocos estudios en esta área, se cree que la VD es tan prevalente en relaciones del mismo sexo como lo es en las relaciones heterosexuales.

¡Señales de Alerta!

Ninguna de las mujeres en este libro se dispuso a involucrarse con un abusador, pero hubo factores que las hicieron vulnerable en involucrarse con uno. En retrospectiva, se podría decir que había indicios que se podían haber visto como "señales de alerta" de lo que podría venir después.

Lo siguiente son "señales de alerta", cosas para tener en cuenta cuando se evalúas si se esta con un abusador. Po supuesto, así como cada una de las victimas son diferentes, también lo son cada uno de los abusadores/as. El abusador/a es diferente y único/a y puede se que no siempre muestre señales de conducta abusiva. A pesar de que estas no son todas las señales de alerta, son las más comúnmente vistas en el campo de la VD.

Tu pareja:

- Inmediatamente quiere empezar una relación seria contigo (en poso meses, semanas o solo días después de conocerte.
- Espera que pases todo el tiempo con él/ella – él/ella es el centro de tu mundo
- Quiere que le avises y le digas donde estas —extrema preocupación de saber donde estas
- Actos de celos extremados y/o de posesión contigo
- Constantemente revisando para asegurarse que estas donde dices que estas. Te aísla controlando a donde vas, a quien ves y con quien hablas.
- Opina acerca de la ropa que te pones —quiere que te vistas proactiva o muy conservadora.
- Algunas veces te falta el respeto y te hace sentir menos.
- Menosprecia a tus amigos y familiares, desanimándote a asociarte con ellos

- Se burla de tus sueños, ideas y/o metas
- Pierde su temperamento frecuentemente por cosas pequeñas —empieza peleas por nada
- Te hace preocupar por tu propia seguridad
- Te hace sentir como si estuvieras caminando en cáscara de huevo.
- Amenaza con lastimarte a ti, a tu familia, tus amigos, compañeros de trabajo o tus mascotas
- Amenaza con dejarte
- Destruye tu propiedad
- Amenaza con quitarse su vida si lo/la dejas
- Juega juegos mentales contigo —te hace dudar de ti misma/o
- Te hace sentir culpable
- Rehúsa tomar responsabilidad por sus acciones
- Te culpa a ti, a las drogas, al alcohol, a su jefe de trabajo, padres, etc. por su conducta. —nunca es su culpa

Tipos de Abuso

La Violencia Domestica incluye una amplia gama de conducta abusiva donde un individuo trata de tener poder y control sobre otra persona. La conducta abusiva puede ser demostrada verbal, física, económica, psicológica o sexualmente. La violencia Domestica es un patrón de actos controlados y nunca es un solo incidente o tipo de abuso. La violencia puede causar daños físicos pero no siempre

Los tipos de abuso incluyen los siguientes:

Abuso Físico

Abuso físico es probablemente el primer tipo de abuso en que la gente piensa cuando escucha "violencia domestica" Este tipo de abuso puede ser directamente hacia ti o a alguien que tu quieras, incluyendo tus mascotas. El contacto físico, agresivo, siempre debe considerarse abusivo y serio, aun y cuando no deje moretones o daño permanente.

Algunos ejemplos del abuso físico incluyen:

- Rasguños, golpes, agarres, escupidas, pellizcos, o jalones de pelo.
- Empujones y aventones
- Cachetadas, puñetazos, o patadas
- Aventar objetos para lastimar o intimidar

- Destruir posesiones (como tu pasaporte, tarjeta de crédito, etc.) o objetos valiosos (como fotografías de tus hijos, herencias de la familia, etc.)
- Perturbar tu patrón de sueño despertándote en el medio de la noche para empezar a pelear
- Quemaduras de cigarro
- Ahorcarte
- Intentos de matarte

Abuso Emocional/Psicológico

Abuso emocional o psicológico es cualquier conducta verbal o no-verbal que tu pareja exhibe para controlarte y/o lastimar tu salud emocional.

Algunos ejemplos de abuso emocional incluyen:

- Insultarte y/o burlarse especialmente cuando se refiere a cosas de las cuales eres muy sensible
- Intimidarte cuando esta enojado/da
- Gritarte
- Hacer comentarios o gestos humillantes
- Atacarte o amenaza de atacarte con un arma. Recuerda, cualquier cosa puede ser usada como arma!
- Manipular tus niños
- Decirte que hacer y/o a donde puedes o no puedes ir
- Lastimar o amenazar con lastimar a tus niños y/o mascotas
- Darle poco valor a lo que tienes que decir
- Interrumpirte, cambiar el tema y no escucharte o contestarte
- Torcer tus palabras
- Menospreciándote en frente de otra gente
- Decir cosas negativas acerca de tus amigos y familia
- Prevenir o hacer difícil para ti ver a tus amigos o parientes
- Serte infiel
- Ser demasiado celoso

- Cambiar responsabilidades por su conducta abusiva culpando a otros o a ti
- Monitoreando tu llamadas por celular, testos, el uso del carro y/o la computadora.

Abuso Económico

Frecuentemente el dinero es un instrumento que los abusadores usan para establecer control en sus relaciones. Una pareja abusiva puede tomar todas las medidas para asegurarse que seas completamente dependiente, financieramente, de él/ella. Haciendo esto puede prevenir que dejes la relación y hacerte sentir que no tienes nada de poder o nada que decir acerca de lo que esta pasando en la relación.

Algunos ejemplos de abuso económico incluyen:

- Negarte acceso a los fondos
- Tener todas las cuentas del banco (cheques y ahorros) a su nombre
- Contándote cada centavo que gastas demandando recibos de todas las compras
- Poner todas las cuentas de utilidades o tarjetas de crédito a tu nombre, lo cual te hace responsable, financieramente, por todas las deudas
- Asegurarse que los bienes fuertes (como la casa) no estén a tu nombre
- Demandar que le des tu cheques de sueldo, cheques de desempleo, o cheques de ayuda publica
- Interferir con tu trabajo —empezando peleas contigo antes de irte al trabajo para hacerte enojar, hacer que te corran por hacerte llegar tarde a tu trabajo constantemente, o acosándote (o a tu compañeros de trabajo) en tu trabajo.
- No dejarte tomar un trabajo
- Tomar las llaves de tu carro o de otra manera prevenir que uses el carro

Abuso Sexual

Abuso sexual es cualquier encuentro sexual que pase sin tu consentimiento. Seguido se habla de violación y otras formas de asalto sexual como algo que solo un extraño cometería; dentro de una relación intima cualquier forma de avance sexual no deseado esta igualmente mal. Estar en una relación (matrimonio, unión civil, o cohabitando), no importa cuando tiempo has estado en esa relación, no le da a tu pareja el derecho de abusar sexualmente de ti o de demandar alguna clase de actividad sexual en la que tu no quieras participar.

Algunos ejemplos de abuso sexual incluye:

- • Tocarte sin que lo desees
- Violación: actual o intento no deseado de penetración vaginal, oral o anal con un objeto o parte del cuerpo
- Forzarte o manipularte a hacer actos indeseables, dolorosos o degradables durante la penetración sexual.
- Tomar ventaja de ti cuando estés tomada o simplemente sin poder dar consentimiento.
- Negarse a que tomes anticonceptivos o que te protejas en contra de enfermedades de transmisión sexual y embarazo.
- Sabotear tu método anticonceptivo
- Tomarte cualquier tipo de fotografías sexuales o grabaciones sin tu consentimiento
- Obligarte a hacer actos sexuales en grabaciones o en persona
- Amenazar con dejarte si rehúsas sexo.
- Hacerte que tengas sexo con otra gente mientras el/ella ve.
- Hacerte tener sexo con otros por dinero
- Obligarte a tener sexo para dejar de discutir contigo

Abuso Verbal

Abuso verbal es otra forma de abuso emocional, el cual envuelve el uso del lenguaje. Através del abuso verbal, tu pareja puede decir cosas que lastimen tu sentimientos o te asuste, intencionalmente.

Algunos ejemplos del abuso verbal incluye:

- Insultos, (llamarte estupida/o, "perra/o" o "puta/o")
- Criticarte
- Humillarte públicamente, ya sea empezando una discusión o gritándote en publico.
- Menospreciarte
- Maldecirte
- Haciendo escenas en publico (llamando la atención)
- Riéndose de ti – burlándose

Ciclo de Violencia

Este es el típico patrón de violencia, el más visto en VD

La etapa donde de **desarrollo de** tensión es cuando el abusador te critica, empieza peleas contigo, se fastidia con lo que dices, ect. Durante esta etapa sientes cómo si "caminaras en cascara de huevo" Aquí tu haces todo lo posible por no molestarlo/la o hacerlo/la enojar.

Despues, viene la **etapa de la explosión,** que es en realidad el abuso (emocional, físico, etc.)

El abusador/ra te golpea, te viola, toma tu dinero, etc.

Finalmente, esta la **luna de miel** (la etapa de "cambio de tácticas") Es durante esta etapa que el abusador/a pide perdón, promete que nunca te pegara de nuevo, dice que ira a consejería, etc. Sus tácticas de control cambian; no usa la violencia para controlarte. Te dice lo que tú quieres escuchar y hace promesas para darte esperanzas de que todo cambiara y será mejor.

Sin embargo no todos/as usan estas tácticas; algunos/as deciden usar mas actos de violencia para controlarte y mantenerte en la relación. Te amenaza con lastimarte, llevarse a tus hijos, o matarte si te vas. Sin embargo, el ciclo permanece igual.[13]

Plan de Seguridad

Siempre es Buena idea tener un plan de seguridad en el evento de que un día planees dejar tu abusador/a. Lo siguiente es una lista de cosas que deberías incluir en tu plan de seguridad. Sin embargo hay muchas tipos de plan de seguridad, como seguridad durante un incidente explosivo, seguridad en tu casa, etc. Para este y otros ejemplos de planes de seguridad, visita la página de

New Hope for Women a HYPERLINK "http://www.newhopefor women.org/safetyPlan.php" \l "2"http://www.newhopeforwomen. org/safetyPlan.php#2

Cuando se planea irse:

- Abre una cuenta de cheques y/o ahorros a tu nombre. Te ayudara a establecer una identidad financiera y tener acceso a tu dinero en caso de emergencia.
- Renta un apartado de correos; pídele a una amiga/o permiso para usar su dirección de correo para recibir cualquier cosa que no sea seguro recibirlo en tu casa.
- Photo copea documentos importantes (acta de matrimonio, certificados de nacimiento, recetas médicas, etc.) y guárdalas en una casa de seguridad con una amiga/o en la que confíes o con tu consejera (si aplica).
- Deja dinero, un set de llaves y ropa extra en un lugar seguro con alguien de confianza para poder irte rápidamente.

- Determina quien podría dejarte quedar en su casa o proveer transportación a un refugio de violencia domestica.
- Mantén el numero de teléfono de la línea de violencia domestica cerca de ti todo el tiempo en caso de emergencia. El numero nacional de violencia domestica es: 1-800-799-SAFE (7233) o TTY 1-800-787-3224
- Familiarízate con la estación de policía, bomberos u hospital más cercano a ti. En algunos casos ellos podrían llamar a un refugio de violencia domestica por ti.

Después de irte

Es importante recordar que al irte tu abusador no necesariamente parara su abuso. Recuerda que un abusador/a quiere tener el poder y el control sobre ti, y al irte le habrás quitado ese poder. Por lo tanto, la pareja abusiva puede ser persistente e in-apropiadamente insistir en tener contacto contigo aun y cuando le hayas dicho claramente que no quieres ninguna clase de interacción con él/ella. Esto es considerado parte del abuso; es asecho y acoso. Si tienes una orden de protección, es muy importante que inmediatamente reportes y documentes esta conducta a las autoridades.

Hostigamiento y acoso puede ser los siguientes:

- Hacer visitas no deseadas a la casa o al lugar de trabajo
- Mandar mensajes no deseados (por teléfono, computadora, con los niños etc.)
- Seguirte, saber de ti constantemente
- Avergonzarte en público
- Reusar irse cuando se lo pides

Acknowledgments/Reconocimientos

This book would not have been possible without the support and contributions of our wonderful editors. Este libro no hubiera sido posible sin el apoyo y la contribucion de nuestras maravillosas editoras; Maria Assif, Amina Chaudhri, Ann Russo, Cynthia Sims, Guadalupe Dominguez, and Lourdes Torres.

We are also grateful to Jill Zylke for the generous donation of her time and talents to the cover of this book. Tambien agradecemos a Jil Zylke por su generosa donacion de su tiempo y su talento para la cubierta de este libro.

References/Referencias

1. Villegas, J., Lemanski, J., and Carlos, V. "Marianismo and Machismo: The Portrayal of Females in Mexican TV Commercials." *Journal of International Consumer Marketing* 22:327–346, 2012.

2. Herrera, A. A. Virginity in Mexico: The Role of Competing Discourse of Sexuality in Person Experience (Part 1 of 2). *Reproductive Health Matters* 6.12 (1998): 105–115.

3. American Academy of Child and Adolescent Psychiatry. "Responding to Child Sexual Abuse" (2009). http://www.aacap.org/cs/root/facts.

4. Cohen, S. "Children and Domestic Violence," The National Clearinghouse on Child Abuse and Neglect Information (DHHS).

5. Harris, V. W., Skogrand, L., and Hatch, D. "Role of Friendship, Trust, and Love in Strong Latino Marriages." *Marriage & Family Review* 44:4 (2008): 455–488.

6. Edleson, J. L. "Children's Witnessing of Adult Domestic Violence." University of Minnesota.

7. Lakeman, L. "Linking Violence and Poverty" in the CASAC Report, *Gender Watch*. 23 (Spring/Summer 2004), http://cws.journals.yorku.ca/index.php/cws/article/download/6237/5425.

8. "Early Marriage: Child Spouses," *Innocent Digest* (Mar. 2001). Accessed June 2, 2007, http://www.unicef-irc.org/publications/pdf/digest7e.pdf.

9. "Incest & Sexual Abuse of Children." Feminist.com (Apr. 25, 2009), http://www.feminist.com/resources/ourbodies/viol_incest.html.

10. Malkin, E. and Cattan, N. "Despite New Abortion Law, Mexico City Women Face Barriers." *The New York Times* (Apr. 14, 2010). http://www.nytimes.com/2008/08/25/world/americas/25iht-mexico.4.15619473.html.

11. "Sexual Violence in Latin America and the Caribbean: A Desk Report." *Sexual Violence Research Initiative* (March 2010). Accessed Dec. 6, 2010.

12. Marston, C. "Child Sexual Abuse in Mexico City: A Descriptive Qualitative Study" (2005). Accessed Apr. 6, 2008.

13. Fabio, S., Marin, G., Otero-Sabogal, R., Marin, B. V., and Perez-Stable, E. J. "Hispanic Familism and Acculturation: What Changes and What Doesn't?" *Hispanic Journal of Behavioral Sciences* 9 (1987): 397–412.

14. Jasinski, J. L. *Source Book on Violence Against Women.* Ed. Claire M. Renzetti et al. (Thousand Oaks, California: Sage, 2001).

15. "Domestic Violence During Pregnancy." *Pan American Health Organization.* Accessed on May 12, 2008.

    http://www.paho.org/hq/index.php?option=com_docman&task=doc_view&gid=21426&Itemid=.

16. Domestic Violence Solutions for Santa Barbara. http://www.dvsolutions.org/info/cycle.aspx.

About the Authors

I u Rocha has been an advocate for survivors of gender-based violence for nearly 20 years. Her work has included domestic violence (DV) counseling, community education and shelter management. She has worked with women's organizations from a wide variety of cultural backgrounds to help establish DV programs that reflect each community's particular needs and cultural values.

Ms. Rocha has worked extensively in the Latino community at local, national and international levels. She taught at De Paul University where she created courses on; Violence Against Women, Gender and Culture and Latino History in Chicago. She is also co-founder and executive director of Women for Economic Justice.

Ms. Rocha is a consultant, specializing in training professionals on cultural competency and best practices in services to survivors of gender-based violence.

I.Villareal has more than 8 years of experience as a domestic violence counselor working with women from diverse cultures, primarily from the Latino community.

I.Villareal has a Masters of Science and Studies in Psychology. She has published scientific research articles as well as fictional literature. Intuicion Equivocada? is one of her novels.

Currently she's working as a Scientific Analyst for Global Life Science Corporation.

Edwards Brothers Malloy
Oxnard, CA USA
March 10, 2016